Postkoloniale Theorien zur Einführung

Ina Kerner

Postkoloniale Theorien zur Einführung

JUNIUS

Junius Verlag GmbH
Stresemannstraße 375
22761 Hamburg
www.junius-verlag.de

Umschlaggestaltung: Florian Zietz
Titelbild: Okakarara Vocational Training
Center, Namibia © Ina Kerner
Satz: Junius Verlag GmbH
Printed in the EU 2021
ISBN 978-3-88506-665-1
4., unveränderte Aufl. 2021

Bibliografische Information der Deutschen Nationalbibliothek
Die Deutsche Nationalbibliothek verzeichnet diese Publikation in der
Deutschen Nationalbibliografie; detaillierte bibliografische Daten
sind im Internet über http://dnb.dnb.de abrufbar.

Zur Einführung ...

... hat diese Taschenbuchreihe seit ihrer Gründung 1977 gedient. Zunächst als sozialistische Initiative gestartet, die philosophisches Wissen allgemein zugänglich machen und so den Marsch durch die Institutionen theoretisch ausrüsten sollte, wurden die Bände in den achtziger Jahren zu einem verlässlichen Leitfaden durch das Labyrinth der neuen Unübersichtlichkeit. Mit der Kombination von Wissensvermittlung und kritischer Analyse haben die Junius-Bände stilbildend gewirkt.

Von Zeit zu Zeit müssen im ausufernden Gebiet der Wissenschaften neue Wegweiser aufgestellt werden. Teile der Geisteswissenschaften haben sich als Kulturwissenschaften reformiert und neue Fächer und Schwerpunkte wie Medienwissenschaften, Wissenschaftsgeschichte oder Bildwissenschaften hervorgebracht; auch im Verhältnis zu den Naturwissenschaften sind die traditionellen Kernfächer der Geistes- und Sozialwissenschaften neuen Herausforderungen ausgesetzt. Diese Veränderungen sind nicht bloß Rochaden auf dem Schachbrett der akademischen Disziplinen. Sie tragen vielmehr grundlegenden Transformationen in der Genealogie, Anordnung und Geltung des Wissens Rechnung. Angesichts dieser Prozesse besteht die Aufgabe der Einführungsreihe darin, regelmäßig, kompetent und anschaulich Inventur zu halten.

Zur Einführung ist für Leute geschrieben, denen daran gelegen ist, sich über bekannte und manchmal weniger bekannte Autor(inn)en und Themen zu orientieren. Sie wollen klassische

Fragen in neuem Licht und neue Forschungsfelder in gültiger Form dargestellt sehen.

Zur Einführung ist von Leuten geschrieben, die nicht nur einen souveränen Überblick geben, sondern ihren eigenen Standpunkt markieren. Vermittlung heißt nicht Verwässerung, Repräsentativität nicht Vollständigkeit. Die Autorinnen und Autoren der Reihe haben eine eigene Perspektive auf ihren Gegenstand, und ihre Handschrift ist in den einzelnen Bänden deutlich erkennbar.

Zur Einführung ist in verstärktem Maß ein Ort für Themen, die unter dem weiten Mantel der Kulturwissenschaften Platz haben und exemplarisch zeigen, was das Denken heute jenseits der Naturwissenschaften zu leisten vermag.

Zur Einführung bleibt seinem ursprünglichen Konzept treu, indem es die Zirkulation von Ideen, Erkenntnissen und Wissen befördert.

Michael Hagner
Dieter Thomä
Cornelia Vismann

Inhalt

1. Einleitung

Postkoloniale Theorien thematisieren die vielfältigen Facetten und Implikationen des »Postkolonialismus«. Das betrifft zunächst einmal postkoloniale Konstellationen im zeitlichen Sinne. Diese sind in besonderem Maße für die Gegenwart ehemaliger Kolonien bestimmend, sie haben jedoch auch für die Gegenwart einstiger Kolonialstaaten und für Länder und Regionen, die zwar selbst nie direkt in den Kolonialismus involviert waren, in denen sich aber dennoch Effekte kolonialer Denkweisen und Imaginationen ausmachen lassen, eine Bedeutung. Denn wenn Konstellationen als postkolonial beschrieben werden, ist damit – und dies ist ein zweiter wichtiger Aspekt – *nicht* gemeint, sie seien nachkolonial in dem Sinne, dass der Kolonialismus abgeschlossen und mit seinem formalen Ende eine neue, von ihm nicht weiter berührte Zeit angebrochen sei. Das Präfix »post« verweist vielmehr darauf, dass es Langzeiteffekte des Kolonialismus gibt, die noch heute nachwirken und die thematisiert werden müssen, wenn man die postkoloniale Gegenwart und ihre spezifischen Probleme verstehen möchte. Zu diesen Problemen zählen Armut, Autoritarismus und mangelnde Rechtsstaatlichkeit in ehemaligen Kolonien. Dazu zählen jedoch auch eurozentrische und rassistische Denkweisen, die sich in Kunst, Literatur und weiteren Bereichen der Kultur, in den Wissenschaften und in den Medien niederschlagen – und sich in den unterschiedlichsten Bereichen von Politik und Gesellschaft finden.

Mit diesen Bestimmungen ist bereits angezeigt, dass wir es mit einem unübersichtlichen Feld zu tun haben, in dem Untersuchungen ganz unterschiedlicher Sachverhalte und theoretische Reflexionen mit diversen Zugangsweisen zusammenkommen. Folgt man der Literaturwissenschaftlerin Ania Loomba, ist es nicht einmal möglich, die thematischen Konturen der postkolonialen Theorie bzw. der postkolonialen Studien – die neben theoretischen auch empirisch ausgerichtete Arbeiten umfassen – präzise zu umreißen. Denn literaturwissenschaftliche Analysen zählten genauso dazu wie die Forschung in Kolonialarchiven, die Kritik medizinischer Texte oder Auseinandersetzungen mit der Wirtschaftslehre (Loomba 2005, 2). Sinnvoll verwendet werden könne der Begriff »Postkolonialismus« daher nur mit einiger Umsicht und gewissen Einschränkungen (ebd., 21).

Derartige Problematisierungen ihres Schlüsselbegriffs finden sich in vielen Positionen der postkolonialen Theorie. Nicht allen Autor/innen ist der Begriff dabei zu diffus. Die feministische Literaturwissenschaftlerin Anne McClintock zum Beispiel hat ihn in erster Linie als zu stark vereinheitlichend charakterisiert. Denn indem er den europäischen Kolonialismus zum zentralen Referenzpunkt der Weltgeschichte erhebe, reproduziere er just jenen Eurozentrismus, den postkoloniale Theorien eigentlich aufbrechen wollen. Die unterschiedlichsten Kontexte, Kulturen und Entwicklungen würden dabei in ein einheitliches, lineares Zeitschema eingepasst, in dem der Übergang von der vorkolonialen zur kolonialen und jener von der kolonialen zur postkolonialen Phase im Sinne eines geradlinigen Fortschreitens erscheine. Lokale Eigengesetzlichkeiten gerieten dabei ebenso aus dem Blick wie alternative Sichtweisen geschichtlicher Prozesse (McClintock 1992, 86 f.).

Loombas und McClintocks Problematisierungen sind wichtig, um sich die schwierigen Aufgaben postkolonialer Theoriebildung zu vergegenwärtigen und sich dabei nicht vorschnell mit einfachen Zugängen und Antworten zufriedenzugeben. Beide Autorinnen verweisen darauf, dass bei Zugrundelegung eines weiten Postkolonialismus-Begriffs schnell alles und nichts zur postkolonialen Kondition erklärt werden kann und dass es daher sorgfältiger Konkretisierungen bedarf, um nicht die unterschiedlichsten Phänomene und Problemlagen über einen Kamm zu scheren. Postkoloniale Theorien gleichen daher in entscheidenden Punkten einer Gratwanderung: Denn weder sollten sie in problematische Verallgemeinerungen abgleiten noch durch eine Überbetonung von Kontextspezifika strukturelle Merkmale wie globale Machtverhältnisse aus den Augen verlieren. Wo genau der Mittelweg zwischen diesen Extremen liegt, ist nicht von vornherein festgelegt, sondern zumindest *auch* eine Frage der Einschätzung. Postkoloniale Theorien brauchen daher, wenn sie überzeugen wollen, ein Bewusstsein ihrer schwierigen Ausgangslage und ein hohes Maß an Selbstreflexivität. Sie werden nicht weit kommen, wenn sie sich damit begnügen, fertige Theoreme auf immer neue Kontexte zu applizieren.

Geht man grundsätzlich davon aus, dass der europäische Kolonialismus und die ihn tragenden Denkmodelle keine historisch abgeschlossenen Formen sind, da sie erstens nachhaltige Spuren in der Welt hinterlassen haben und zweitens zumindest partiell auch heute noch reproduziert und reaktualisiert werden, spricht trotz der skizzierten Schwierigkeiten vieles dafür, sich auf das anspruchsvolle Programm postkolonialer Theorien einzulassen. Denn es macht die genannten Spuren, Reproduktionen und Reaktualisierungen sicht- und kritisierbar. Wie Loomba verdeutlicht hat, ist mit einer solchen Entscheidung allerdings noch keineswegs vorbestimmt, worin die Inhalte der ihr erwachsenden Auseinandersetzung bestehen; denn der Möglichkeitsraum ist weit. Wie lässt sich also der Gegenstandsbereich postkolonialer Theorien – und damit auch dieses Buchs – umreißen, ohne ihn vorschnell zu verengen oder aber zur Unkenntlichkeit auszudehnen?

Generell lässt sich sagen, dass postkoloniale Theorien als kritische Theorien verstanden werden können, als Theorien also, die den Anspruch erheben, auf gesellschaftliche Missstände einschließlich ihrer Ursachen und Wirkungen aufmerksam zu machen und dadurch dazu beizutragen, diese Missstände zu beheben. Dies gilt auch für jene Ansätze, die nicht im Kontext gesellschaftswissenschaftlicher, sondern kulturwissenschaftlicher Disziplinen entstanden sind. Auch sie nehmen Bezug auf Ausschnitte der postkolonialen sozialen Wirklichkeit und stellen die Analyse einzelner Texte, Diskursfragmente, Arbeiten oder Werke in deren Rahmen. Dabei wird meist nicht unterstellt, dass bereits klar sei, wodurch diese postkoloniale soziale Wirklichkeit charakterisiert ist und wie sie sich manifestiert. Dies muss vielmehr im Zuge postkolonialer Analysen und mithilfe postkolonialer Theorien rekonstruiert werden. Oftmals stellen die Ergebnisse derartiger Rekonstruktionsprozesse etablierte Denkmuster infrage, und zwar auf potenziell radikale Weise.

In diesem Sinne ist die postkoloniale Theorie nicht nur ein kritisches, sondern auch ein wissenspolitisches Projekt. Denn wenn die unterschiedlichen Aspekte postkolonialer Konstellationen als etwas verstanden und gedeutet werden, zu dessen Genese und Aufrechterhaltung neben anderen Faktoren auch die (akademische) Wissensproduktion beiträgt, dann liegt es auf der Hand, dass postkoloniale Theorien mit ihrer machtkritischen und damit in gewissem Sinne politischen Agenda auch auf dem Terrain der Wissenschaften intervenieren und sich bemühen, dort alternative, d.h. postkoloniale Sichtweisen zu etablieren. Ziel ist dabei nicht zuletzt, den eurozentrischen Wissens- und Textkanon der verschiedenen Disziplinen aufzubrechen und damit zu dezentrieren. Beispielhaft sind in diesem Zusammenhang die Auseinandersetzungen um den curricularen Kanon der *English Studies* bzw. Anglistik. Seit den 1970er Jahren wurde in diesem Fach darum gekämpft, Lehrpläne und Leselisten um Texte von Autorinnen und Autoren zu erweitern, die aus anglophonen Ländern außerhalb Großbritanniens stammen – und daher nicht selten Erfahrungen thematisieren, die mit dem britischen Kolonialismus, antikolonialen Kämpfen, den Verhältnissen in jungen Postkolonien oder der Migration in die europäischen Metropolen zusammenhängen. *The Empire Writes Back* heißt dementsprechend eine einflussreiche Monografie, in der Charakteristika und Bedeutung dieser »neuen Literaturen« umfassend diskutiert werden (Ashcroft/Griffiths/Tiffin 1989).[1] Ein zweites und etwas jüngeres Beispiel für Kanonkämpfe und Curriculardebatten sind die Geschichtswissenschaften. An US-amerikanischen Universitäten wird seit der ersten Hälfte des 20. Jahrhunderts »Western Civ«, d.h. »Western Civilization« unterrichtet. In der Regel geschieht dies in Form von Überblickskursen, die klassischerweise die Entwicklung der westlichen Welt *from Plato to Nato* zum Inhalt haben und diese tatsächlich als lineare Geschichte darstellen. In den 1980er Jahren regte sich gegen diese Seminare Widerstand; in vielen Bildungseinrichtungen wurden sie in der Folge ergänzt durch Angebote zur *Global History* bzw. Globalgeschichte, in denen mit umfassendem Blick die Geschichte des »Rests der Welt« erzählt wird. Statt von Plato bis zur Nato wird hier zwar oftmals gleich der noch viel längere Zeitraum *from the Stone Age to the Present* behandelt, und nicht jede Globalgeschichte verdient das Attribut »postkolonial«. Man bemüht sich hier jedoch, lineare oder gar teleologische Auffassungen historischer Entwicklungen explizit zu hinterfragen und zu konterkarieren. Dies geschieht durch die Fokussierung globaler Verflechtungen und ein besonderes Augenmerk für die komplexen Austauschprozesse, die es zwischen den Regionen und zwischen unterschiedlichen kulturellen, sozialen und politischen Kontexten schon immer gegeben hat – und die zu Überlagerungen, Vermischungen, Rückkopplungen und Widerständen auf den verschiedensten Ebenen geführt haben (vgl. Dunn 2000; Conrad/Eckert/Freitag 2007).

Dass hier Beispiele aus diversen akademischen Fachrichtungen angeführt werden können, ist kein Zufall. Postkoloniale Theorien sind ein disziplinenübergreifendes und zunehmend auch ein transdisziplinär organisiertes Beschäftigungsfeld. Etablieren konnten sie sich anfangs zunächst in den Literatur- und Kulturwissenschaften, obwohl ihr Themenspektrum auch dort schon immer weit gefasst war und damit angestammte Fragestellungen und Probleme weiterer Fächer integrierte. So ist etwa der 1995 erschienene und schnell selbst kanonisch gewordene *Post-colonial Studies Reader* explizit als Kompilation im Bereich der postkolonialen Literaturtheorie konzipiert; inhaltlich umfasst der Band aber Diskussionen und Erfahrungen von »Migration, Sklaverei, Unterdrückung, Widerstand, Repräsentation, Differenz, ›Rasse‹, Geschlecht, Raum und die Leitdiskurse des imperialen Europa wie Geschichte, Philosophie und Linguistik«, was ohne Frage plausibilisiert, dass auch Texte von Vertreter/innen nicht literaturwissenschaftlicher Disziplinen aufgenommen wurden (Ashcroft/Griffiths/Tiffin 1995, 2, Übers. IK). Und inzwischen ist man auch in diesen Fächern aktiv geworden. Neben der Geschichtswissenschaft haben sich, zumindest an ihren Rändern, auch die Sozialwissenschaften, also die Ethnologie, die Soziologie, die Politikwissenschaft und die Geografie sowie einige Regionalwissenschaften postkolonialen Ansätzen zugewendet und damit begonnen, die Implikationen des Postkolonialismus zu reflektieren. Damit fordern sie auf unterschiedliche Weise den Mainstream dieser

Fächer heraus. Neuere Sammelwerke haben entsprechend programmatische Titel wie *Postcolonialism and Political Theory* (Persram 2007), *Vom Imperialismus zum Empire. Nicht-westliche Perspektiven auf Globalisierung* (Randeria/Eckert 2009), *Postkoloniale Soziologie. Empirische Befunde, theoretische Anschlüsse, politische Interventionen* (Reuter/Villa 2010) oder auch *Decolonizing European Sociology. Transdisciplinary Approaches* (Gutiérrez Rodríguez/Costa/Boatcă 2010). Interessant ist, dass die Autor/innen derartiger Kompilationen nicht nur auf postkoloniale Theorien zurückgreifen, die in den Literatur- und Kulturwissenschaften etabliert worden sind, sondern auch an einschlägige Ansätze, Paradigmen und Befunde aus ihren eigenen Fächern anschließen. Auf diese Weise werden Theorien der Dekolonisation und der Befreiungsphilosophie, aber auch Untersuchungen zur Staatsbildung in Postkolonien, Einsichten der Dependenz- und Weltsystemtheorie, Ansätze der Entwicklungspolitikkritik oder etwa Erkenntnisse der Rassismusforschung in postkoloniale Theorien und Studien eingespeist.

Aus den skizzierten Entwicklungen ergibt sich aktuell und wohl noch für geraume Zeit ein äußerst dynamisches Arbeits- und Diskussionsfeld; zumal konstatiert werden kann, dass die Hinwendung der Geschichts- und Sozialwissenschaften zur postkolonialen Theorie mit einem zunehmend artikulierten Interesse der in den Literatur- und Kulturwissenschaften tätigen Vertreter/innen postkolonialer Studien an ökonomischen Problemen sowie an Fragen von Staatlichkeit und Recht korrespondiert (vgl. Lazarus 2004). Diese Konstellation wiederum legt nicht nur *transdisziplinäre* Kooperationen nahe, etwa Projekte, die jenseits der akademischen Fächergrenzen mit ihren jeweiligen Fragen und Methoden angesiedelt sind. Sie bietet zudem Anlass und Möglichkeit zu explizit *interdisziplinären* Dialogen, zu Dialogen also, in denen gemeinsam ausgelotet wird, welche Beiträge die jeweiligen Fächer gerade *wegen* ihrer spezifischen Schwerpunkte und Zugänge zum Verständnis der postkolonialen Welt und zur Kritik oder gar Lösung der sie betreffenden Probleme leisten können.

Postkoloniale Theorien stellen nicht allein aufgrund ihres weiten Gegenstandsbereichs und ihrer transdisziplinären Anlage ein nur schwer einzugrenzendes Gebiet dar. Hinzu kommt, dass sie längst globalisiert sind. Wenn man sich vornehmlich an den einschlägigen Sammelwerken orientiert, die im Rahmen der englischen Literatur- und Kulturwissenschaften entstanden sind, kann leicht der Eindruck entstehen, postkoloniale Theorien seien darauf konzentriert oder sogar beschränkt, die Langzeitfolgen des britischen Empires zu thematisieren und dabei in erster Linie Indien, die Karibik und die Werke von dort nach Großbritannien migrierter Kulturschaffender in den Blick zu nehmen – und am Rande vielleicht noch die anglophonen Länder Afrikas. Nun handelt es sich bei den ehemaligen britischen Kolonien zwar um hochgradig heterogene Kontexte, die tatsächlich schon für sich genommen Stoff für vielfältige Untersuchungen und Reflexionen bieten. Doch der Referenzraum postkolonialer Theorien geht noch weit über sie hinaus. Dementsprechend variieren auch die Schwerpunkte der unterschiedlichen und in vielen Fällen auf je spezifische Weise kontextgebundenen postkolonialen Theorien.

Im Unterschied zu früheren Positionen aus dem Kontext der Anglistik und damit der englischsprachigen Welt, denen verschiedentlich vorgeworfen wurde, Fragen der Identität in den Mittelpunkt zu stellen und dadurch die Relevanz ökonomischer Aspekte zu vernachlässigen (vgl. z.B. Dirlik 1994; 2002), schließen z.B. maßgebliche Vertreter/innen der lateinamerikanischen Debatte an dependenztheoretische sowie an befreiungsphilosophische Ansätze an – wenn auch partiell und kritisch. Dennoch führen diese Bezugnahmen dazu, dass die globale Wirtschaft und ihre Verteilungseffekte eine wichtige Rolle im lateinamerikanischen Postkolonialismus spielen. Und es gibt weitere nennenswerte Spezifika der dortigen Diskussion. Anders als in weiten Teilen Asiens und Afrikas endete der europäische Kolonialismus in Lateinamerika, der vor allem von Spanien und Portugal ausgegangen war, bereits im frühen 19. Jahrhundert. Postkoloniale Theoretiker/innen vertreten nun allerdings selten die Ansicht, dass auch die Phase imperialer Einflussnahmen mit den ersten Unabhängigkeitserklärungen abgeschlossen war. Vielmehr bezeichnen sie auch jene globalen Machtbeziehungen als imperial, in die lateinamerikanische Staaten während der letzten zweihundert Jahre verstrickt gewesen sind. Zur Plausibilisierung dieser Einschätzung verweisen sie vor allem auf die USA mit ihrem Geheimdienst sowie auf die Interessen US-amerikanischer Konzerne – und führen wirtschaftliche Abhängigkeiten und Einflussnahmen ebenso an wie politische Interventionen (vgl. Moraña/Dussel/Jáuregui 2008, 9 f.). Angesichts dieser Konstellation liegt das besondere Potenzial lateinamerikanischer postkolonialer Studien laut Fernando Coronil, einem venezolanischen Anthropologen, der für diese Fragen zeit seines Lebens äußerst einflussreich war, bei der historischen Analyse der Transformationsprozesse nach der Unabhängigkeit sowie bei der Untersuchung gegenwärtiger Formen des Imperialismus (vgl. Coronil 2004, 239). Doch auch für die Literatur- und Kulturwissenschaften werden Spezifika des lateinamerikanischen Postkolonialismus ausgemacht: breite Reflexionen der lateinamerikanischen Identität, ein besonderes Interesse an »Testimonialliteratur«, d.h. persönlichen, jedoch mit exemplarischem Anspruch geschriebenen biografischen Zeugnissen, sowie die Thematisierung von weiblichen Migrations- und Exilerfahrungen im Zusammenhang des in den USA entstandenen *Chicana*-Feminismus (vgl. Taylor 2007).

Schon dieses eine Beispiel zeigt, dass die Schwerpunkte postkolonialer Auseinandersetzungen auch noch innerhalb regional oder sprachlich umgrenzter diskursiver Kontexte disparat sind – wobei die Thematisierung postkolonialer Fragen hinsichtlich des lateinamerikanischen Raums bis dato vergleichsweise überschaubar ist. Will man sich einen Überblick über Diskussionslandschaft und Debattenstand postkolonialer Theorien verschaffen und sucht nach einem geeigneten Zugriff, hilft eine regionale Unterteilung der Welt daher nur bedingt weiter; zumal eine solche Unterteilung die zusätzliche Gefahr birgt, dass die vielfältigen transregionalen Einflüsse und Wechselwirkungen an den Rand der Aufmerksamkeit gedrängt werden. Wie also vorgehen?

Eine Möglichkeit besteht darin, sich auf einzelne, herausgehobene postkoloniale Theoretiker/innen zu beziehen und sich das Feld von ihren Schriften her zu erschließen. Auf diese Weise ist z.B. Robert Young in seinem 1990 erschienenen und schnell zu großem Einfluss gelangten Buch *White Mythologies* vorgegangen (Young 1990). Young hat dort das Feld postkolonialer Theorien auf die Arbeiten von Edward Said, Homi Bhabha und Gayatri Chakravorty Spivak konzentriert – mit dem Effekt, dass dieses Trio bald zur postkolonialen Dreifaltigkeit stilisiert und Youngs Auswahl in einschlägigen Einführungs- und Überblicksbänden mehrfach reproduziert worden ist (vgl. Childs/Williams 1997; Moore-Gilbert 1997; Castro Varela/Dhawan 2005). Nun spricht einiges dafür, in diesem Sinne das Augenmerk auf bereits etablierte Positionen zu richten – zumal die genannten Autor/innen für die Entwicklung der postkolonialen Theorie Entscheidendes geleistet haben. Eine solche Personalisierung geht jedoch zugleich mit einer deutlichen Verengung einher. Denn aus einem heterogenen und dynamischen Theoriefeld werden hier wenige besonders gewichtige »Hauptstimmen« herausgegriffen. Dadurch wird die Aufmerksamkeit von allen weiteren gewichtigen Stimmen sowie von den Positionen und Bewegungen an den Rändern der postkolonialen Theorie abgelenkt – was dort geschieht, gelangt erst gar nicht ins Blickfeld.

Um die benannten Nachteile zu vermeiden, ist die vorliegende Einführung nicht nach Regionen oder Autor/innen, sondern nach Themen gegliedert. Auch dies impliziert eine Vorauswahl, es kann nicht jeder Aufsatz und nicht einmal jeder Ansatz berücksichtigt werden. Doch immerhin kann auf diese Weise der Versuch unternommen werden, sowohl die Vielstimmigkeit als auch die Dynamiken des postkolonialen Theorienfeldes nachvollziehbar zu machen. Gegenstand der folgenden Kapitel sind in diesem Sinne besonders nachhaltig thematisierte und besonders intensiv diskutierte Facetten und Implikationen postkolonialer Konstellationen. Viele dieser Implikationen werden in postkolonialen Theorien als problematisch beschrieben und entsprechend kritisiert; aus diesem Grund sind Aspekte der Problembeschreibung und der Kritik auch im vorliegenden Buch von besonderer Bedeutung. Daneben werden in postkolonialen Ansätzen jedoch auch die kreativen Potenziale und kulturellen Errungenschaften, die aus postkolonialen Konstellationen hervorgegangen sind, gewürdigt. Auch dies soll im Folgenden nachvollziehbar werden. Ähnliches gilt für Thematisierungen von Imperialismus und Neokolonialismus sowie für die Auseinandersetzung mit Formen des antikolonialen und postkolonialen Widerstandes.

Zunächst aber sollen die Ursprünge und Hintergründe postkolonialer Theorien im Mittelpunkt stehen. Im folgenden Kapitel geht es zum einen um ihren historischen Ausgangspunkt, den europäischen Kolonialismus und den ihm entspringenden Antikolonialismus. Zum anderen werden die wichtigsten theoretischen Quellen und Einflüsse postkolonialen Denkens vorgestellt.

2. Historische Wurzeln, theoretische Bezüge

Postkoloniale Theorien sind im Verlauf der zweiten Hälfte des 20. Jahrhunderts entstanden und damit relativ jungen Ursprungs. Im akademischen Betrieb etablieren sie sich seit den 1980er Jahren, wobei dieser Prozess in einigen Ländern und Disziplinen bereits als abgeschlossen gelten kann, in anderen hingegen erst erheblich später begann und derzeit in vollem Gange ist. Was nun sind die Wurzeln, die Ursprünge postkolonialer Theorien? Welche Umstände und Erfahrungen haben zu ihrer Entstehung geführt, welche Denktraditionen haben sie beeinflusst? Und in welchem Verhältnis stehen sie zu anderen kritischen Theorie- und Wissenschaftszweigen wie etwa der Rassismustheorie, dem akademischen Feminismus, aber auch dem Poststrukturalismus, der Psychoanalyse und dem Marxismus? Das sind die Fragen, denen dieses Kapitel nachgeht. Aufgrund der Heterogenität postkolonialer Theorien sind die genannten Fragen nicht eindeutig zu beantworten. Doch es lassen sich Tendenzen beschreiben, Beispiele liefern und Kontroversen nachzeichnen. Dies soll im Folgenden geschehen.

Europäischer Kolonialismus

Postkoloniale Theorien thematisieren die Nachwirkungen des europäischen Kolonialismus der Neuzeit. An dieser Stelle seien daher zunächst einige seiner wichtigsten Merkmale skizziert. Als Schlüsseldatum für den Beginn der europäischen Expansion nach »Übersee« wird in der Regel das Jahr 1492 veranschlagt. In jenem Jahr landete Christoph Kolumbus auf dem amerikanischen Kontinent und löste damit ein Zeitalter der »Entdeckungsreisen«, transkontinentalen Handelsbeziehungen und der exterritorialen Landnahme aus. In seiner Anfangsphase war der Kolonialismus dabei oftmals noch informell, das heißt vorstaatlich. Die ersten Kolonisatoren waren Soldaten, Abenteurer und Wissenschaftler, aber auch von Privatinvestoren unterstützte Geschäftsleute sowie Missionare und Siedler. Staatliche Protektion und Verwaltungsverantwortung für die besetzten und besiedelten Gebiete übernahmen die europäischen Nationalstaaten meist erst in einer späteren Phase. Indien beispielsweise wurde erst im Jahre 1858 zur britischen Kolonie. Bereits im 17. Jahrhundert hatte jedoch die im Jahre 1600 gegründete Handelsgesellschaft *East India Company* Hafenstützpunkte in den Küstenstädten Surat, Madras, Bombay und Kalkutta aufgebaut und von dort aus eine wichtige ökonomische und politische Machtposition auf dem indischen Subkontinent ausgebaut. Auch der deutschen Kolonie »Deutsch-Südwestafrika« im heutigen Namibia gingen privatwirtschaftliche Aktivitäten voraus. 1883 erwarb der Bremer Tabakhändler Adolph Lüderitz Land von den Nama; 1884 wurde das Gebiet dann unter deutschen Reichsschutz gestellt und zum Ausgangspunkt weiterer Landnahme und Besiedlung.

Indien war eine »Beherrschungskolonie« und entsprach damit einem Kolonientyp, der in erster Linie der wirtschaftlichen Ausbeutung, der strategischen Absicherung imperialer Politik sowie nationalem Prestigegewinn diente, doch keine Besiedlung vorsah; ausgeübt wurde die koloniale Herrschaft dabei von temporär aus dem Mutterland entsandten Verwaltungsbeamten sowie von Soldaten und Geschäftsleuten. In der Kolonialismusforschung werden Beherrschungskolonien von »Stützpunktkolonien« sowie von »Siedlungskolonien« unterschieden. Stützpunktkolonien wie beispielsweise Hongkong oder Shanghai dienten dieser Einteilung zufolge der indirekten kommerziellen Erschließung eines Hinterlandes bzw. der informellen Kontrolle über formal selbstständige Staaten. Siedlungskolonien hingegen hatten vor allem die billige Nutzung von Land und Arbeitskräften zum Ziel – wobei sich hier Kolonien des »neuenglischen«, des »afrikanischen« und des »karibischen« Typs unterscheiden lassen. In den nordamerikanischen Kolonien »neuenglischen« Typs wurde die Ur- oder Erstbevölkerung, die als ökonomisch entbehrlich angesehen wurde, weitgehend verdrängt und vernichtet; in den Kolonien »afrikanischen« Typs waren die Kolonisten abhängig von einheimischen Arbeitskräften, in den »karibischen« Kolonien hingegen basierte die wirtschaftliche Produktion auf Sklaverei, der Ausbeutung dorthin verschleppter Menschen aus Afrika (Osterhammel 1995, 16ff.).

Zu den großen europäischen Kolonialmächten zählten neben Spanien und Portugal vor allem England und Frankreich – aber auch Belgien, die Niederlande, Italien, Dänemark und Deutschland hatten Kolonien.[2] Zudem agierten Japan (in Taiwan und Korea), Russland (im Kaukasus und in Zentralasien) sowie die selbst auf eine koloniale Vergangenheit zurückblickenden USA (in der Karibik) als Kolonialstaaten.

Angesichts der skizzierten Vielfalt kolonialer Typen und Mächte ist es kaum verwunderlich, dass die koloniale Wirklichkeit als überaus heterogen beschrieben wird. Der Historiker Jürgen Osterhammel umreißt sie als »vielgestaltig, widerspenstig gegenüber anmaßenden imperialen Strategien, geprägt von den lokalen Besonderheiten der Verhältnisse in Übersee, von den Absichten und Möglichkeiten der einzelnen Kolonialmächte, von großen Tendenzen im internationalen System«, oder kurz: als »ein Phänomen von kolossaler Uneindeutigkeit« (Osterhammel 1995, 8). Eine Kolonie bestimmt Osterhammel definitorisch als »ein durch Invasion (Eroberung und/oder Siedlungskolonisation) in Anknüpfung an vorkoloniale Zustände neu geschaffenes politisches Gebilde, dessen landfremde Herrschaftsträger in dauerhaften Abhängigkeitsbeziehungen zu einem räumlich entfernten ›Mutterland‹ oder imperialen Zentrum stehen, welches exklusive ›Besitz‹-Ansprüche auf die Kolonie erhebt« (ebd., 16).

Obwohl der Kolonialismus also auf sehr vielfältige Weisen in Erscheinung trat, lassen sich übergreifende Merkmale und Effekte kolonialer Herrschaft bestimmen. Eine solche Bestimmung ist im vorliegenden Zusammenhang deshalb von Interesse, weil viele dieser Merkmale und Effekte mit dem formalen Ende des Kolonialismus nicht verschwanden und daher in postkolonialen Konstellationen nachwirken. Aus diesem Grunde werden sie auch im Zusammenhang postkolonialer Theorien immer wieder aufgegriffen. Im Folgenden sollen in diesem Sinne Aspekte der Gewaltanwendung, der Wirtschaft, der Politik und der Kultur thematisiert werden. Dem folgen kurze Ausführungen über koloniale Rechtfertigungsstrategien sowie über antikolonialen Widerstand und Dekolonisationsprozesse.

Der gezielte Einsatz von Gewalt seitens der Kolonisatoren prägte den kolonialen Alltag – er diente der Disziplinierung zur Arbeit und wurde zur Bekämpfung antikolonialer Widerstandshandlungen eingesetzt (Eckert 2006, 68 f.). Daneben können auch die Effekte der aus Europa in die Kolonien eingeschleppten Krankheiten wie Pocken, Masern, Grippe, Typhus oder Lungenentzündung als gewaltsam beschrieben werden. Denn sie waren zentrale Ursache dafür, dass der Kolonialismus zunächst zu einem radikalen Bevölkerungseinbruch führte, insbesondere auf dem amerikanischen Kontinent. Besonders drastisch war dies in Nordamerika: Aufgrund eingeschleppter Krankheiten, von Vertreibungen, Kriegen und Hungersnöten verringerte sich dort die Urbevölkerung während der ersten hundert Jahre europäischer Besiedlung um etwa neunzig Prozent (ebd., 20 ff.).

In wirtschaftlicher Hinsicht war der Kolonialismus von materieller Enteignung, insbesondere Landraub, sowie von ökonomischer Ausbeutung einschließlich Zwangsarbeit und Sklaverei bestimmt. Im Zusammenhang der sklavereibasierten Plantagenökonomie in den südlichen Kolonien Nordamerikas, Teilen Südamerikas und der Karibik kam es im 17. Jahrhundert zur Herausbildung des sogenannten »Dreieckshandels« zwischen Europa, Afrika und Amerika. Dabei wurden Textilien, Waffen und andere Manufakturwaren nach Afrika geliefert, Menschen aus Afrika nach Amerika verbracht und kolonialwirtschaftliche Produkte wie Zucker, Rum und Kaffee nach Europa verschifft (Wirz 1984, 25 ff.). Für die wirtschaftliche Modernisierung Europas war der Kolonialismus von erheblicher Bedeutung: Er trug maßgeblich zur Schaffung von Arbeitsplätzen in der weiterverarbeitenden Industrie bei, verhalf dem Banken- und Versicherungswesen zu einem Boom und veränderte Konsumgewohnheiten auf effektvolle und nachhaltige Weise (Eckert 2006, 103).

Bezogen auf politische Strukturen und Systeme führte der Kolonialismus zu gravierenden Wandlungsprozessen und teilweise zu radikalen Brüchen. Dies war besonders in den Kolonien selbst zu spüren, in denen zwar zum Teil unter Einbeziehung lokaler Eliten und damit auf indirekte Weise (*indirect rule*) regiert wurde, für die das Errichten kolonialer Verwaltungen jedoch in jedem Falle Fremdherrschaft bedeutete. Diese wiederum entsprach äußerst selten dem, was heute als »gute Regierungsführung« bezeichnet wird. Nicht nur verfügten koloniale Administrationen in der Regel über keinerlei Gewaltenteilung und vereinten damit gesetzgeberische, richterliche und exekutive Befugnisse. Sie waren zudem oft von Korruption, Ämterhandel und

Klientelismus geprägt. Außerdem praktizierten sie Formen des institutionalisierten Rassismus: Die Ungleichbehandlung der verschiedenen Bevölkerungsgruppen, die innerhalb einer Kolonie lebten, war Grundlage des administrativen Handelns.

Politische Transformationsprozesse zog der Kolonialismus jedoch nicht allein in den Kolonien nach sich. Die Bürokratien kolonialer Staaten fungierten nämlich auch als Laboratorien für spätere Entwicklungen in Europa. Hier sind nicht nur die Konzentrationslager zu nennen, in denen die Kolonialregierung Deutsch-Südwestafrikas, seit 1904 in einen Krieg gegen die Herero und Nama verstrickt, jene ihrer Gegner internierte, welche die Anfangsphase des Krieges überlebt hatten, sich ergaben oder derer sie auf andere Weise habhaft werden konnten – und die in jüngerer Zeit eine Kontroverse darüber ausgelöst haben, ob mit ihnen eine genozidale Kontinuitätslinie begann, die in den KZs der Nazis endete (vgl. zustimmend Zimmerer 2005; Zimmerer 2008; kritisch Kundrus 2003b; Kundrus 2008). Auch im Wohnungs- und Städtebau boten die Kolonien eine Versuchsfläche für neue Ideen.[3]

Im Zusammenhang betrachtet hinterließen koloniale Staatsgebilde also tiefe politische Spuren – Spuren, die sich nicht zuletzt auch an den zum Teil bis heute gültigen kolonialen Grenzziehungen zeigen, die in der Kolonialgeschichtsschreibung als die Etablierung des Territorialstaatsprinzips in den Kolonialgebieten interpretiert werden (Eckert 2006, 95 f.; Osterhammel 1995, 76 f.). Osterhammel zufolge wurde der säkularisierte, militärisch gestützte Verwaltungsstaat, als der sich der Kolonialstaat in der Regel zeigte, auf diese Weise »zum Geburtshelfer seiner postkolonialen Nachfolger« (Osterhammel 1995, 76). Denn überall habe er »Formen bürokratischer Herrschaft verbreitet, die in der Verbindung mit vorkolonialen, aber nun ihrer religiösen Sanktionierung beraubten Traditionen der Selbstherrschaft und gelegentlich auch mit der Idee der ›sozialistischen‹ Parteiendiktatur zur Herausbildung autoritärer Systeme in Asien und Afrika beitrugen« (ebd.). Aktuelle politische Probleme in Postkolonien wie Demokratiedefizite und schwach ausgebildete Rechtsstaatlichkeit erscheinen aus dieser Sicht deutlich als koloniale Hinterlassenschaft – und zwar ohne dass dabei lokale Faktoren vernachlässigt würden.

Osterhammels knapper Rekurs auf die Religion verweist auf ein weiteres Gebiet gravierenden gesellschaftlichen Wandels in den Kolonien: die Kultur. Hier ist zum einen die christliche Mission zu nennen, die zunächst – vor allem in Lateinamerika – von der katholischen Kirche ausging und später, d.h. ab dem späten 18. Jahrhundert, auch von evangelikalen Kirchen praktiziert wurde. Die Mission hatte unterschiedliche Effekte. In einigen Kolonialgebieten, beispielsweise in Mexiko, führte sie zur Unterdrückung einheimischer Religionen und zur Durchsetzung eines christlichen Religionsmonopols, wobei der mexikanische Katholizismus durchaus als »indigenisiert« beschrieben werden kann, als Mischform indigener und katholischer religiöser Symbole und Praktiken. Daneben gab es allerdings auch Selbst-Christianisierungstendenzen, die zur Etablierung einheimischer christlicher Kirchen führten, in erster Linie auf dem afrikanischen Kontinent im Zusammenhang des Protestantismus. Ferner führte die christliche Mission mancherorts zu Gegenbewegungen. Hier ist beispielhaft der chinesische Boxerkrieg zwischen 1898 und 1890 zu nennen, in dem eine antiimperialistische chinesische Widerstandsbewegung gegen Besatzung und Mission kämpfte. Schließlich zählt die Selbstbehauptung oder gar Stärkung bestehender religiöser Ordnungen zu den Effekten der christlichen Mission in Kolonien. Dies betrifft insbesondere den Islam (ebd., 102ff.).

Bedeutend für kulturelle Transformationsprozesse in den Kolonien war neben der Mission ferner die schulische Erziehung, die in vielen Fällen in der Sprache der Kolonisatoren stattfand und deren Weltbild vermittelte. Aber auch das Vorenthalten schulischer Bildung – und damit grundlegenden Orientierungswissens – war ein Machtmittel, das die Kolonisatoren gegen ihre Untertanen einsetzten.

Als ein drittes Moment kultureller Umbrüche und Neuformierungen können – insbesondere in Afrika – Prozesse der Ethnisierung oder Tribalisierung angeführt werden. Wie bereits erwähnt, kooperierten die Kolonialregierungen vielfach mit lokalen Eliten. Diese Eliten, wie auch die ihnen unterstehenden Kollektive, wurden im Prozess derartiger Kooperationsbeziehungen allerdings auch beeinflusst, geformt oder gar erst erschaffen. Der Afrikahistoriker Andreas Eckert spricht in diesem Zusammenhang von einer »Konstruktion von Ethnizität«, die darin bestand, dass vielfältige gesellschaftliche Organisationsformen als tribale Einheiten interpretiert wurden, denen man gemäß dem Modell des europäischen Nationalstaates ein abgegrenztes Territorium sowie eine einheitliche Sprache, Kultur, Abstammung und politische Struktur unterstellte (Eckert 2006, 66 ff.). Zugleich wurden die solchermaßen diskursiv und administrativ erzeugten »Stämme« als statisch verstanden und damit naturalisiert. Eckert zufolge gehört dies zu den Ironien der afrikanischen Kolonialgeschichte: dass »die Kolonisierenden den Kolonisierten jede eigene Geschichte absprachen, während auf lokaler Ebene die Kolonialverwaltung historische Erinnerungen zu instrumentalisieren versuchte, indem sie sich, wo immer es ging, auf Männer stützte, die ihre Vorrangstellung durch Rückgriff auf Traditionen zu legitimieren verstanden« (ebd., 68).

Die Leugnung einer vorkolonialen Geschichte, die Unterstellung von Geschichtslosigkeit und mangelnder Zivilisiertheit war ein weit verbreitetes koloniales Rechtfertigungsmuster, nicht nur, aber insbesondere in Afrika. Man kann in diesem Zusammenhang von der epistemischen Dimension des Kolonialismus sprechen: Sowohl seine Legitimation als auch seine Ausgestaltung und Aufrechterhaltung wurden durch spezifische europäische Wissensformen unterstützt und strukturiert. Kolonialmächte und Kolonisatoren griffen dabei neben Vorstellungen, die Europa eine weltweite Vorreiterrolle und zivilisatorische Mission zuschrieben, insbesondere auf den Wissensbestand der Rassentheorie zurück, die sich ab dem 17. Jahrhundert in den europäischen Hochschulen entwickelte und vom späten 18. bis ins 20. Jahrhundert hinein in den unterschiedlichsten Disziplinen sowie in der außerakademischen Publizistik florierte. Obwohl es sich hierbei um ein durchaus heterogenes Wissensfeld handelte, wurden in der Regel doch eindeutige und untereinander hierarchisierte »rassische« Unterscheidungen menschlicher Großgruppen vorgenommen. Damit wurden Abstufungen oder verschiedene Grade des Menschlichen (Trouillot 1995, 81) postuliert: Weiße bzw. Europäer wurden in erster Linie mit geistigen Fähigkeiten assoziiert, Asiaten wurde oftmals die Betriebsamkeit abgesprochen, Schwarze wurden meist auf ihre Körperlichkeit reduziert (für Überblicksdarstellungen vgl. Conze/Sommer 1984; Geiss 1988; Kerner 2009, 64 ff.).[4] Auf diese Weise konnte argumentiert werden, die koloniale Arbeitsteilung entspreche den unterschiedlichen menschlichen »Naturen« und koloniale Disziplinierungspraktiken dienten den zu Disziplinierenden.

Derartige rassistische Annahmen und Argumentationsweisen schlugen sich in vielfältigen kolonialen Praktiken nieder und wurden von diesen zugleich reproduziert. So wurden »rassische« Grenzziehungen durch Mischehenverbote gesetzlich fixiert und durch bevölkerungspolitische Maßnahmen wie die Ansiedlung von Frauen aus den kolonialen Mutterländern sozial stabilisiert (vgl. Stoler 2002; Walgenbach 2005; Dietrich 2007). Auch im Städtebau, etwa im Errichten segregierter Viertel, schlug sich das radikale koloniale Differenzdenken nieder. So entstand beispielsweise im 18. Jahrhundert im von den Briten gegründeten Kalkutta eine »white town« und eine »black town«, eine weiße und eine schwarze Stadt (Osterhammel, 96); im ehemals spanisch und französisch besetzen Marokko wird noch heute vielerorts die Altstadt von der kolonialen Neustadt unterschieden; und im namibischen Windhoek wurde die schwarze Bevölkerung noch in den 1960er Jahren nach Katutura zwangsumgesiedelt – an den »Ort, an dem wir nicht leben wollen«, ein schwarzes Viertel weit von der Innenstadt entfernt.

Derartige Beispiele zeigen, dass es eines großen Aufwands bedurfte, die koloniale Rassendifferenzierung aufrechtzuerhalten; als Instrumente dafür dienten Theorien und andere Wissensformen sowie (institutionalisierte) Praktiken. Doch nicht nur der koloniale Alltag war hiervon maßgeblich geprägt. Auch der vorausgehende Akt der Kolonisierung selbst wurde durch Differenzpostulate zu legitimieren gesucht. So wurde etwa ab dem 18. Jahrhundert der »Orient«, also Asien und der arabische Raum, zum unzivilisierten Gegenbild Europas stilisiert – der von der Kolonisierung profitieren würde. Und auch außerhalb der akademischen Disziplin der Orientalistik kursierten Kolonialfantasien. Der Historikerin Birthe Kundrus zufolge fungierten diese als »wichtiges und lange Zeit unterschätztes Antriebsmoment der kolonialen Bemächtigungsgeschichte« (Kundrus 2003a, 8; vgl. auch Zantop 1997). Sie durchdrangen nicht nur die Alltagskultur der Metropolen, sondern sie überdauerten auch den Kolonialismus selbst. Heute werden sie nicht zuletzt von der Tourismusindustrie aufgegriffen und dadurch reaktualisiert (vgl. Backes et al. 2002).

Antikolonialer Widerstand

Die Geschichte des europäischen Kolonialismus ist nicht nur eine Geschichte der Fremdherrschaft, Verdrängung und Ausbeutung, sondern auch eine Geschichte des Widerstands – und auch er ist eine wichtige Quelle postkolonialer Theorien. Die Liste überlieferter antikolonialer Kämpfe ist lang. In jedem Falle ist hier die Revolution von Haiti zu nennen, deren Protagonisten die Proklamation allgemeiner Bürgerrechte der Französischen Revolution insofern ernst nahmen, als sie gleiche Rechte und Grundfreiheiten auch für die Menschen in den Kolonien forderten. Nachdem die haitianische Revolution im Jahr 1791 begonnen hatte, wurde sie zunächst zurückgeschlagen, war im Jahre 1804 dann jedoch erfolgreich. Neben literarischen Verarbeitungen (Carpentier 1977; Kleist 2009/1811; Seghers 1962) und Quellensammlungen (Buch 1976) hat sie vor allem in den letzten Jahrzehnten einflussreiche akademische Auseinandersetzungen angeregt (James 1963; Trouillot 1995; Buck-Morss 2009). Sogenannte »Sklavenaufstände« gab es jedoch auch auf anderen karibischen Inseln. So sind für das 18. Jahrhundert allein neunzehn derartiger Widerstandsakte für Jamaika dokumentiert.

Antikolonialer Widerstand formierte sich auch jenseits der Karibik. So wurde das koloniale Indien in den Jahren 1857 und 1858 von der »Mutiny« erschüttert, einer für die Briten überraschenden Erhebung im großen Stil. Das koloniale Algerien sah sich in den Jahren 1871 und 1872 mit landesweiten Protestbewegungen konfrontiert; und in Britisch-Ostafrika fanden ab Mitte der 1890er Jahre während zweier Dekaden nicht weniger als fünfzig bewaffnete Konflikte zwischen einheimischer Bevölkerung und Kolonisatoren statt (Eckert 2006, 36, 46 ff., 70). Außerdem sind der Maji-Maji-Krieg in Deutsch-Ostafrika (heute: Tansania) zu nennen, der zwischen 1905 und 1907 tobte, sowie der Krieg der Deutschen gegen Nama und Herero in der Kolonie Deutsch-Südwestafrika (heute: Namibia), der von 1904 bis 1907 andauerte und Zehntausende Menschen das Leben kostete – gängigen Schätzungen zufolge kamen dabei achtzig Prozent der Herero und fünfzig Prozent der Nama um (Speitkamp 2005, 133).[5] Während der Weltwirtschaftskrise der 1930er Jahre kam es dann in der Karibik, in Asien sowie in Teilen Afrikas zu Streiks und Protesten. In der Zwischenkriegszeit etablierte sich die indische Nationalbewegung mit Mahatma Gandhi an der Spitze, in Indonesien gab es 1926 einen Revolutionsversuch. Ferner sind Revolten im kolonialen Indochina dokumentiert. Im Kenia der 1950er Jahre kam es zum Mau-Mau-Krieg, der entscheidend zur späteren Dekolonisation beitrug.

In den meisten lateinamerikanischen Ländern haben sich Unabhängigkeitsbewegungen bereits in der zweiten Hälfte des 18. Jahrhunderts etabliert, was im Jahre 1810 zu einer Welle autonomer Staatsgründungen führte. Allerdings machten sich hier, ähnlich wie im Falle der USA, Siedlerkolonien vom Mutterland unabhängig. Kanada, Australien und Neuseeland wurden 1931 souverän. Im Gros der asiatischen, afrikanischen und karibischen Kolonien fand die Dekolonisation hingegen erst in der zweiten Hälfte des 20. Jahrhunderts statt. Was in dieser Hinsicht zwischen 1951 – der Unabhängigkeit der vormals italienischen Kolonie Libyen – und 1990 – der Gründung des unabhängigen Post-Apartheid-Namibia – geschah, war Andreas Eckert zufolge »weniger ein geradliniger Prozess als ein komplexes, unübersichtliches Gemisch aus diversen Aktivitäten und Ereignissen, aus friedlichen Übergängen und von Gewalt geprägten Befreiungskämpfen, aus lokalen Konstellationen und internationaler Politik« (Eckert 2006, 86).

Wichtig für das Verständnis postkolonialer Theorien ist nun nicht zuletzt die Tatsache, dass schon die antikolonialen Befreiungskämpfe mit einer regen Wissens- und Theorieproduktion einhergingen, an die später teils affirmativ und teils kritisch angeschlossen werden konnte. Wichtige Autoren in diesem Zusammenhang waren Mahatma Gandhi und Jawaharlal Nehru in Indien, Mao Zedong und Ho Chi Minh in China und Vietnam sowie Aimé Césaire, Frantz Fanon, Kwame Nkrumah und Léopold Sédar Senghor in diversen afrikanischen Ländern – außerdem Gamaladdin al-Afghani für antiwestliche panislamische Bewegungen und Che Guevara für die antiimperialistischen Bewegungen Lateinamerikas (vgl. Tibi 1987). In den Texten dieser und ähnlich argumentierender Autoren ging es um Erfahrungen und Analysen der kolonialen Situation ebenso wie um Strategien des Widerstands. Zum Teil wurden hier außerdem kritische Reflexionen der Praktiken antikolonialer Bewegungen sowie erste Einschätzungen und Prognosen hinsichtlich der Lage nach Erreichen der Unabhängigkeit vorgelegt – beispielsweise in den Schriften Frantz Fanons.[6]

Migration in die Metropolen

Neben dem Kolonialismus und seinen vielfältigen Nachwirkungen auf weite Bereiche von Alltag, Politik und Gesellschaft in ehemaligen Kolonien bzw. Postkolonien, der ersten hier skizzierten Quelle postkolonialer Theorien, sowie den Erfahrungen antikolonialer Kämpfe, der zweiten Quelle, entspringt eine dritte wichtige Quelle dem Umstand, dass die Kolonisierten nach Abzug der Besatzer nicht zu Hause blieben, sondern sich zuweilen – und wenn sie konnten – nach Europa aufmachten, den »Bananendampfer« bestiegen und in die Metropolen segelten, nicht zuletzt, um zu überprüfen, ob dort die Straßen tatsächlich »mit Gold gepflastert seien«, wie es immer geheißen hatte (Hall 1994,

48). Die literarischen und theoretischen Texte, die in diesem Zusammenhang entstanden, thematisieren zum einen Erfahrungen der Interkulturalität, des Rassismus und metropolitaner Klassenstrukturen (vgl. u.a. Fanon 1980; Center for Contemporary Cultural Studies 1982). Aber auch Fragen der Identitätssuche und -bildung werden in diesem Kontext prominent diskutiert.

Viertens schließlich spielen weibliche Erfahrungen und geschlechtertheoretische Analysen postkolonialer Konstellationen eine wichtige Rolle für die postkoloniale Theorie. Die hier zu erwähnenden Arbeiten sind zwar nicht ausschließlich, doch in der Mehrzahl dem postkolonialen Feminismus zuzuordnen. Hält man sich an die Gliederung von Reina Lewis' und Sara Mills' *Feminist Postcolonial Theory Reader*, dann eröffnet sich hier ein weites Themenspektrum. Die Herausgeberinnen führen geschlechtssensible Analysen des Kolonialismus bzw. rassismuskritische Analysen des Feminismus, kritische Analysen des Weißseins, Redefinitionen des »Dritte-Welt«-Subjekts, Sexualität und sexuelle Rechte, Harem und Schleier sowie Geschlecht in kolonialen und postkolonialen Raumbeziehungen als die zentralen Themen feministischer postkolonialer Theorien an (Lewis/Mills 2003).

Wie nun werden derartige Erfahrungen im Zusammenhang postkolonialer Theorien thematisiert? Diese Frage lässt sich nicht pauschal beantworten, denn es sind hier die unterschiedlichsten theoretischen Anschlüsse und Abgrenzungen identifizierbar. Postkoloniale Theorien speisen sich nicht nur aus unterschiedlichen thematischen Quellen, sondern auch aus verschiedenen theoretischen Strömungen. Poststrukturalistische Positionen sind dabei besonders prominent, und ihr Stellenwert ist kaum umstritten – strittig ist eher, ob ihr hoher Stellenwert positive oder negative Effekte zeitigt. Daneben spielen psychoanalytische Ansätze eine wichtige Rolle, wenngleich längst nicht alle postkolonialen Theorien psychoanalytisch informiert sind. Schließlich lässt sich eine eingehende Auseinandersetzung mit marxistischen und postmarxistischen Ansätzen beobachten, wobei auch hier ganz unterschiedliche Bezugnahmen verzeichnet werden können.

Poststrukturalismus, Psychoanalyse und Marxismus

Poststrukturalistische Theorien eint eine kritische Haltung zur westlichen Moderne und ihren Verheißungen. Dabei werden vor allem das moderne lineare oder gar teleologische Geschichts- und Forschrittsverständnis und dem Westen entstammende universalistische theoretische und politische Ansprüche problematisiert. Aber auch die Idee des autonomen und rationalen Subjekts wird hinterfragt. Insbesondere zwei Varianten poststrukturalistischen Denkens haben im Feld postkolonialer Ansätze besondere Spuren hinterlassen. Zum einen die Machtanalytik Michel Foucaults, die einen Zusammenhang zwischen Macht und Wissen unterstellt bzw. verschiedenen Wissensformen, nicht zuletzt akademischem Wissen, bedeutende Machteffekte zuschreibt und damit vielfältige Projekte im Bereich postkolonialer Diskursanalysen angeregt hat. Zum anderen die Methode der Dekonstruktion von Jacques Derrida, die Arbeiten inspiriert hat, welche vorliegende Texte auf Momente epistemischer Gewalt und auf implizite Hierarchisierungen überprüfen – Momente, die den proklamierten Ansprüchen der untersuchten Texte in der Regel zuwiderlaufen.

Postkoloniale Kritik an der westlichen Moderne und den mit ihr einhergehenden Denkmustern und Praktiken bedeutet dabei allerdings nicht notwendig eine vollständige Ablehnung der kritisierten Phänomene. Im Gegenteil. Laut Gayatri Chakravorty Spivak ist Dekonstruktion »eine ständige Kritik dessen, was man nicht nicht wollen kann« (Spivak 1996, 28, Übers. IK). Für den in Ghana aufgewachsenen und in den USA lehrenden Philosophen Kwame Anthony Appiah begeht die postkoloniale Theorie (und Literatur) sogar einen Fehler, wenn sie die oftmals dem modernen westlichen Denken zugeschriebenen universalistischen Prinzipien prinzipiell zurückweist – und dagegen lokale Moralsysteme affirmiert. Postkoloniale Diskursproduktion ist laut Appiah durch eine doppelte Delegitimierungsbewegung gekennzeichnet; sie richte sich nicht nur gegen westlichen Imperialismus, sondern auch gegen die nationalistischen Projekte postkolonialer Bourgeoisien. Und diese Ablehnung geschehe just auf Grundlage einer universalen Ethik, genauer gesagt der Ablehnung menschlichen Leidens (Appiah 1991, 353). Nach Appiah richtet sich postkoloniale Kritik also nicht gegen den Westen und die von ihm reklamierten Attribute im generellen Sinne, sondern vielmehr gegen die Probleme, die daraus erwachsen sind – und dabei insbesondere gegen die Probleme, die sich hieraus für den Rest der Welt ergeben haben. Und auf entsprechende Weise argumentiert Spivak, für die postkoloniale Kritik das fortdauernde Unterfangen darstellt, die Problematiken westlicher Diskurse und Praktiken offenzulegen. Die poststrukturalistischen Einflüsse auf postkoloniale Theoriepositionen führen mithin zu einer Haltung, die durch Wachsamkeit gegenüber den Ambivalenzen der westlichen Moderne geprägt ist. Die Aufmerksamkeit für die diesen Ambivalenzen entspringenden negativen Effekte erscheint dann als primäre Aufgabe postkolonialer Kritik.

Psychologische Effekte des Kolonialismus haben schon in postkolonialen Schriften *avant la lettre* bzw. in jenen Texten, die zu den Gründungsdokumenten der postkolonialen Studien zählen, eine wichtige Rolle gespielt. Einschlägig ist hier vor allem Frantz Fanons erste Monografie *Schwarze Haut, weiße Masken* (Fanon 1980), in der er sich, durchaus autobiografisch motiviert, mit den Rassismuserfahrungen in die Metropolen migrierter Antillaner auseinandersetzt und dabei kritisch auf einen früheren Text von Octave Mannoni über die Psychologie der Kolonisierten eingeht (Mannoni 1950). Aber auch Albert Memmi und Ashis Nandy haben wichtige Studien zu den psychologischen Effekten des Kolonialismus vorgelegt – Studien, in denen sie sich explizit auch mit den Auswirkungen dieser Effekte für die Kolonisatoren befassen. Der Schriftsteller und Soziologe Memmi konnte dabei nicht zuletzt auf seine eigenen Erfahrungen in der französischen Kolonie Tunesien zurückgreifen; der Sozialpsychologe Nandy argumentiert mit Bezug auf das koloniale und das postkoloniale Indien (Memmi 1994; Nandy 2008).

Feministische postkoloniale Kritikerinnen fokussieren ihre Analysen auf den Umstand, dass die für koloniale Formen von Gesellschaftlichkeit konstitutiven Grenzlinien – Grenzlinien vor allem der »Rasse«, aber auch der Ethnizität – in hohem Maße vergeschlechtlicht waren. Für psychoanalytische Zugänge folgt daraus, Geschlecht, Sexualität und Begehren als integrale Bestandteile der Prozesse kolonialer Differenzkonstruktion zu verstehen – und in diesem Sinne intersektionale Analysen durchzuführen.[7] Musterbeispiel hierfür ist Anne McClintocks groß angelegte Studie *Imperial Leather. Race, Gender and Sexuality in the Colonial Context* (McClintock 1995), in der sie unter dem Stichwort: »Porno-Tropen der europäischen Imagination« (ebd. 22, Übers. IK) die Erotisierung kolonialer Eroberungsfantasien beschreibt – und darlegt, inwiefern sich vor dem Hintergrund des britischen Kolonialismus Vorstellungen von Männlichkeit, Weiblichkeit, Klasse und »Rasse« ineinander verschränkten und in ihrer Verschränkung intern ausdifferenzierten. Zu den psychoanalytischen Schlüsselbegriffen von McClintocks großer Studie zählen die Abjektion oder Verwerfung sowie der Fetischismus. Daneben gibt es jedoch noch andere Bezugspunkte und damit weitere Stränge psychoanalytischer postkolonialer Studien, von denen an dieser Stelle Arbeiten zu den Effekten kolonialer Traumatisierungen (z.B. Kilomba 2008) und zu den Wirkungsweisen kolonialer Stereotype (z.B. Bhabha 2000) genannt werden sollen.

Dass das Verhältnis zwischen Postkolonialismus und Psychoanalyse nicht unkompliziert ist, wird zuweilen aus der Spannung erklärt, die zwischen den poststrukturalistischen Ansprüchen vieler postkolonialer Theorien auf der einen Seite und den Zielen der Psychoanalyse auf der anderen Seite besteht: im Poststrukturalismus gehe es eher darum, eine traumatische Vergangenheit zu erinnern, im Zusammenhang der Psychoanalyse hingegen zähle eher, diese zu verarbeiten, um sie hinter sich lassen zu können (Ward 2007, 190) – eine These, die allerdings übersieht, dass psychoanalytische Ansätze im Kontext der Postkolonialen Studien in der Regel auf Praktiken der Textinterpretation abzielen, die psychologische Momente mitbedenken, und weniger auf die therapeutische Praxis.

Darüber hinaus ist die Psychoanalyse von postkolonialen Kritiker/innen des Eurozentrismus bezichtigt worden (ebd., 191). Diesem Einwand wurde jedoch bereits mit Analysen psychoanalytischer Klassiker begegnet, denen zufolge dort anstelle eines Subjekts, das sich vor allem über die Abgrenzung vom außereuropäischen Anderen konstituiert, ein kosmopolitisch destabilisiertes Subjekt figuriert (Said 2003).

Poststrukturalistische und psychoanalytische Einflüsse auf die postkoloniale Theorieproduktion haben vorwiegend zu Studien geführt, die man als »kulturalistisch« bezeichnen kann. Der Fokus derartiger Arbeiten ist auf die kritische Analyse von Diskursen und Texten gerichtet und eher auf die Sphäre von Kunst und Kultur als auf jene von Ökonomie und Politik. Eine solche Tendenz postkolonialer Studien, die nicht zuletzt durch ihre frühe

Etablierung in den Literaturwissenschaften (und eben nicht in den Sozial- und Wirtschaftswissenschaften) unterstützt worden sein mag, wurde Zeit ihres Bestehens scharf kritisiert. So hat der Historiker und China-Spezialist Arif Dirlik in einem mittlerweile viel zitierten Aufsatz eingewandt, postkoloniale Kritiker/innen hätten, abgesehen von einigen Ausnahmen, die grundlegende Rolle des Kapitalismus für geschichtliche Entwicklungen verkannt und zum Verhältnis zwischen dem Postkolonialismus als Idee oder theoretischem Konzept und seinem Kontext, dem gegenwärtigen Kapitalismus, geschwiegen; auf diese Weise hätten sie die Aufmerksamkeit von aktuellen Problemen der sozialen, politischen und kulturellen Herrschaft abgelenkt (Dirlik 1994). Dieser Einwand mag für Segmente der englischsprachigen postkolonialen Studien der 1980er und der frühen 1990er Jahre berechtigt gewesen sein. Doch die von Dirlik angeführten »Ausnahmen« scheinen inzwischen nachhaltige Effekte ausgelöst zu haben – mittlerweile wird nämlich von einem »materialist turn«, einer materialistischen Wende der postkolonialen Studien gesprochen (Procter 2007, 173). Konkret bedeutet dies, dass Fragen der Politischen Ökonomie zunehmend ernst genommen werden, dass die Kritik kolonialer und nachkolonialer Konstellationen als untrennbar von kapitalismuskritischen Einsätzen gedacht wird und dass die Effekte globaler materieller Ungleichheit thematisiert werden (Bartolovich 2002). Ein Rekurs auf ökonomistische, reduktionistische Varianten des Marxismus, deren Ablehnung zu den wichtigsten Ausgangspunkten poststrukturalistischer Theorieentwicklung gezählt werden kann, wird dabei zu vermeiden gesucht. Ziel ist eher, marxistische und poststrukturalistische Einsichten gleichermaßen zu beherzigen – und postkoloniale Positionen gegebenenfalls postmarxistisch zu fundieren.[8]

In den literatur- und kulturwissenschaftlichen Varianten postkolonialer Studien bedeutet eine solche marxistische oder auch postmarxistische Programmatik, Texte historisch zu kontextualisieren und im Zusammenhang der empirischen Wirklichkeit zu diskutieren, mit der sie im Austausch stehen, die sie adressieren und von der sie beeinflusst werden (Murphy 2007, 181; vgl. auch Bartolovich/Lazarus 2002). In den sozialwissenschaftlichen Varianten ist das Ziel, politökonomische und sozialstrukturelle Aspekte postkolonialer Konstellationen in ihrer Geschichtlichkeit zu thematisieren und wo nötig zu kritisieren (vgl. Randeria/Eckert 2009).

Wie schon an Dirliks Hinweis auf die »Ausnahmen« abzulesen war, kommt diese erneute Konjunktur materialistischer Ansätze in den postkolonialen Studien nicht von ungefähr; und die an ihr Beteiligten können auf Arbeiten aus ganz unterschiedlichen marxistisch inspirierten Theorie- und Forschungstraditionen zurückgreifen. Unter diesen ist zunächst einmal die an Antonio Gramsci und Louis Althusser anschließende *Birmingham School of Cultural Studies* zu nennen. In aktuellen lateinamerikanischen postkolonialen Ansätzen werden ferner Positionen der Dependenz- und der Weltsystemtheorie aufgegriffen, und in der Postkolonialismusdebatte in afrikanischen Ländern wird auf frühe antikoloniale Manifeste und Texte wie jene von Aimé Césaire oder Frantz Fanon rekurriert, die ebenfalls Elemente einer materialistischen Analyse enthalten.

Postkoloniale Theorien, die einer oder mehreren der benannten drei Denkrichtungen Poststrukturalismus, Psychoanalyse und Marxismus zuzuordnen sind, eint, dass sie in der Regel globale Interdependenzen thematisieren und die Reproduktion dichotom konstruierter Konfliktlinien zu vermeiden suchen. Das unterscheidet sie von den Logiken antikolonialer Kämpfe, die ohne derartige Denkweisen oftmals nicht auskamen. Im Folgenden wird dies insbesondere in den Kapiteln 3, 6 und 8 deutlich. Im Unterschied zu früheren bzw. konkurrierenden Thematisierungen von Machtaspekten im Nord-Süd-Verhältnis sind postkoloniale Ansätze ferner nicht auf wirtschaftliche Machtfaktoren wie Handelsbeziehungen verengt, sondern fokussieren insbesondere auch diskursiv vermittelte Machtverhältnisse und damit z.B. die Machteffekte eurozentrischer Denkmodelle wie der Modernisierungstheorie oder rassistischer und orientalistischer Deutungsmuster; seit einigen Jahren ist außerdem ein verstärktes Interesse an der diskursiven Macht und den globalen Effekten des Neoliberalismus zu verzeichnen. Im Anschluss an Michel Foucault und die durch Edward Said begründete Tradition der Analyse kolonialer Diskurse (*colonial discourse analysis*) wird Macht hierbei weniger als repressiv denn vielmehr als produktiv und sozialkonstitutiv verstanden. Im Folgenden werden diese Aspekte vor allem in den Kapiteln 4, 5 und 7 ausgeführt.

3. Koloniale Vermächtnisse – die Geschichte der postkolonialen Gegenwart

Wenngleich der Analyseschwerpunkt postkolonialer Studien nachkoloniale Konstellationen sind, spielt dort auch eine Auseinandersetzung mit den unterschiedlichen Formen und Aspekten des Kolonialismus eine wichtige Rolle. Denn deren Kenntnis ist wichtig, um ihre Spätfolgen erfassen, um die Geschichte der postkolonialen Gegenwart begreifen zu können. Eine kritische Kolonialismusforschung, die Einsichten aus dem Umfeld postkolonialer Theorien beherzigt, hat sich vor allem in der englischsprachigen (historischen) Anthropologie und der Geschichtswissenschaft herausgebildet. Federführend auf diesem Gebiet sind die New Yorker Anthropologin Ann Laura Stoler sowie der ebenfalls in New York lehrende Historiker Frederick Cooper. Ihre jeweiligen Einzelstudien unterscheiden sich zwar beträchtlich. Stoler ist deutlich von den genealogischen Schriften Michel Foucaults beeinflusst und hat umfassend zu Fragen der Intimität im kolonialen Indonesien geforscht (vgl. Stoler 1995; 2002); Cooper ist stärker wirtschafts- und sozialgeschichtlich geprägt und fokussiert vor allem ökonomische und politische Prozesse im kolonialen sowie im postkolonialen Afrika (vgl. Cooper 2002; 2009). Doch beide sind darum bemüht, dichotomisierende Denkmodelle zu vermeiden und stattdessen Interaktionen, Verflechtungen und komplexe Muster von Macht und Widerstand nachzuvollziehen. Ihr Anliegen ist es, »Metropole und Kolonie, Kolonisator und Kolonialisierte in einem gemeinsamen analytischen Feld zusammenzubringen« (Stoler/Cooper 2010, 48), um sie hinsichtlich ihrer Ko-Implikationen, ihrer Momente wechselseitiger Konstituierung verstehen zu können. Starre Dichotomien zwischen Kolonisatoren und Kolonisierten betrachten Stoler und Cooper in ihrer Gewordenheit, als sorgfältig konstruierte, durch immer neue Praktiken aufrechterhaltene und vielfach infrage gestellte Instrumente kolonialer Herrschaft. Aus diesem Grund legen sie Wert darauf, in der Kolonialismusforschung derartige Denkmuster nicht zu reproduzieren, sondern stattdessen kritisch zu analysieren. Ihr Ziel ist es entsprechend, »eine der grundlegendsten Spannungen des Imperialismus« zu untersuchen, »nämlich wie eine Grammatik der Differenz kontinuierlich und umsichtig geschaffen wurde, während die Menschen in den Kolonien europäische Ansprüche der Überlegenheit neu überdachten und diese in Frage stellten« (ebd., 30). Methodisch sprechen sie sich für genaue Untersuchungen auf der Mikroebene aus, die es erlauben, die vielfältigen Strategien und komplexen Interaktionsformen zu beschreiben, welche zur Herausbildung spezifischer historischer Konstellationen geführt haben – und zwar kolonialer wie postkolonialer.

Cooper betont in diesem Zusammenhang nachdrücklich, dass koloniale Hinterlassenschaften oder gar Kontinuitäten nicht einfach unterstellt werden können, sondern dass sie vielmehr in ihrer jeweiligen Spezifik historisch rekonstruiert werden müssten. Man solle erforschen, so schlägt er vor, welche Aspekte und Phänomene im Zuge der Unabhängigkeitskämpfe re-imaginiert und rekonfiguriert werden konnten und welche nicht; ferner lohnten Forschungen darüber, welche strukturellen Zwänge über den Moment des Unabhängigwerdens hinweg fortbestanden, welche neuen Formen politischer und ökonomischer Macht auf die jungen Postkolonien eingewirkt haben und wie jene Personen, die im Zentrum des kolonialen Autoritätssystems positioniert waren, ihre Beziehungen innerhalb und außerhalb des nationalen politischen Raums restrukturieren konnten (Cooper 2005, 19 f.). Auf kompatible, wenngleich allgemeiner gefasste Weise formuliert auch der Freiburger Historiker Wolfgang Reinhard die Anforderungen an eine postkoloniale Kolonialgeschichtsschreibung: Es gehe darum, »zunächst einmal die eurozentrische Befangenheit der westlichen (Geschichts-)Wissenschaft zu reflektieren«; fernerhin müsse man »in der kolonialen und postkolonialen Geschichte grundsätzlich mit Vielfalt, komplexen Austauschbeziehungen und Widersprüchen rechnen« und schließlich gelte es, »die einzelnen Beteiligten, vor allem auf Seiten der Kolonisierten, als handelnde Subjekte der Geschichte ernst zu nehmen« (Reinhard 2010, 79).

Explizite Vergangenheitsbezüge und historisches Denken sind für Historische Anthropologie und Geschichtswissenschaften konstitutiv – daher mag es wenig verwundern, dass sich eine kritische Auseinandersetzung mit kolonialen Hinterlassenschaften in der heutigen Welt besonders deutlich im Rahmen dieser beiden Disziplinen herausgebildet hat. Doch auch in anderen Kultur- und Sozialwissenschaften wird mittlerweile über koloniale Spätfolgen nachgedacht. Wichtiger Referenzautor ist dabei oftmals Frantz Fanon.

Frantz Fanons Kolonialismuskritik

Frantz Fanon wird mittlerweile als einer der »Gründerväter« der postkolonialen Theorie gehandelt und zählt unbestritten zu den einflussreichsten Beobachtern des Kolonialismus und seiner Hinterlassenschaften in jungen Postkolonien. Seine wichtigsten Schriften – das frühe, in der Studienzeit verfasste und 1952 erschienene rassismustheoretische Buch *Schwarze Haut, weiße Masken* (Fanon 1980 – siehe hierzu Kapitel 6 in diesem Buch), die 1959 fertig gestellte und posthum veröffentlichte revolutionssoziologische Essaysammlung *Aspekte der Algerischen Revolution* (Fanon 1969) sowie das 1961 publizierte und als Hauptwerk geltende Buch *Die Verdammten dieser Erde* (Fanon 1981), das zentrale Merkmale des (französischen) Kolonialismus umreißt und darüber hinaus Chancen und Probleme antikolonialer Befreiungskämpfe behandelt, sind dabei stark durch persönliche Erlebnisse und politische Erfahrungen geprägt. 1925 auf Martinique geboren, verbrachte Fanon seine Studienzeit in Frankreich und ging von dort als Leiter einer psychiatrischen Klinik nach Algerien, wo er sich bald dem aktiven antikolonialen Widerstand anschloss. Seine Bücher sind nicht zuletzt Zeugnisse seines bewegten politischen Lebens. Sie haben nachhaltigen akademischen wie aktivistischen Widerhall ausgelöst.[9]

Fanons Buch *Die Verdammten dieser Erde* wurde in den Jahren nach seinem Erscheinen oft als Plädoyer für gewaltsame antikoloniale Widerstandsaktionen gelesen – was auch Jean-Paul Sartres in dieser Hinsicht äußerst pointiertem Vorwort geschuldet gewesen sein mag (vgl. hierzu Tibi 1987). Das Buch ist jedoch keine Apologie der Gewalt und es ist mehr als ein antikoloniales Manifest. Denn Fanon legt hier neben einer Beschreibung des antikolonialen Kampfes eine eindringliche Analyse kolonialer Verhältnisse vor; außerdem liefert er eine kritische Diagnose der schwierigen Phase nach Erreichen der Unabhängigkeit. Zusätzlich thematisiert er ausführlich die psychischen Verletzungen, die Gewaltanwendung im kolonialen Kontext verursachen kann – und schließt dabei auch die Effekte des Kolonialkriegs mit ein.

Die Verdammten dieser Erde ist von der Einsicht getragen, dass eine tatsächliche Dekolonisation die Überwindung kolonialer Differenzierungen, die vollständige Zerstörung des kolonialen Manichäismus erfordere – ein »Programm absoluter Umwälzung« inklusive »Schöpfung neuer Menschen« (Fanon 1981, 29f.). Entsprechend deutlich geht Fanon mit nationalen Bourgeoisien ins Gericht, die nach der Unabhängigkeit in erster Linie die Positionen der ehemaligen Kolonialherren zu besetzen trachten. Darüber hinaus hinterfragt er das politische Potenzial jener nationalkulturellen Strategien und Projekte, die sich positiv vor allem auf vorkoloniale Traditionen berufen und damit auf die Affirmation von Folklore hinauslaufen, statt in zukunftsgerichteter Weise die Wiederherstellung nationaler Souveränität mit der Suche nach einem neuen Humanismus zu verbinden. Und auch dem Programm der *Négritude*, einer frankophonen politisch-literarischen Bewegung seiner Zeit, die das afrikanische kulturelle Erbe affirmierte und um die Konstruktion eines schwarzen Bewusstseins bemüht war, stand er äußerst gespalten gegenüber.

Diese Bedenken hinderten Fanon allerdings keinesfalls daran, den Kolonialismus aufs Schärfste zu verurteilen. Die koloniale Situation charakterisiert er nüchtern als »Ausbeutung des Kolonisierten durch den Kolonialherrn« (ebd., 30), die koloniale Welt als eine in Abteile getrennte, zweigeteilte Welt (ebd., 31), manichäisch und unbeweglich (ebd., 43). Zweiteilung bzw. Segregation und Ausbeutung wurden Fanon zufolge durch unterschiedliche Mechanismen und Maßnahmen erwirkt. Zum einen durch Polizei und Armee, d.h. offen zur Schau gestellte Gewalt, die bis »in die Häuser und in die Gehirne der Kolonisierten« getragen wird und mithin tief ins Private reicht (ebd., 32). Zum anderen stütze Rassismus die koloniale Ordnung. »Diese zweigeteilte Welt wird von verschiedenen Menschenarten bewohnt«, beschreibt Fanon die Wirkungen des Rassismus, dem nicht zuletzt deshalb eine so große Bedeutung zukomme, weil er Gruppenzugehörigkeit und sozialen Status assoziiert: »man ist reich weil weiß, man ist weiß weil reich« (ebd., 33). In den Denkmodellen der Kolonisatoren würden die Kolonisierten zur Quintessenz des Bösen stilisiert, zum absoluten Übel erklärt und als Träger unheilvoller Kräfte betrachtet (ebd., 34). In ihrer Extremform führe diese Logik zur Animalisierung und damit zur vollständigen Entmenschlichung (ebd., 35) – weshalb Fanon den Kolonialismus auch als »blindwütige Entschlossenheit, dem anderen jedes menschliche Attribut abzustreiten«, charakterisiert (ebd., 210).

Die Effekte des Kolonialismus, insbesondere von Kolonialgewalt und Kolonialrassismus, beschreibt Fanon als weitreichend und fatal. Zunächst einmal führe die Gewalt zur »Zerstörung der eingeborenen Gesellschaftsformen« (ebd., 33). Ferner wirke der Kolonialismus separatistisch und regionalistisch, indem er nämlich das »Häuptlingswesen« nähre, »Stämme« konstruiere und zudem Zwietracht zwischen ihnen säe (ebd., 77). Hinzu kommt ein Zustand der Rechtlosigkeit – der Kolonialherr könne den Kolonisierten »ungestraft festnehmen, schlagen, aushungern« (ebd., 37). Schließlich produziert die koloniale Ordnung Fanon zufolge Wut, deren Ausbruch zugleich verhindert werde (ebd., 45). Der Kolonisierte befinde sich im Angesicht der kolonialen Ordnung in einem Zustand permanenter Spannung, »immer bereit, die Rolle des Freiwilds aufzugeben, um die des Jägers zu übernehmen« (ebd., 44). Diese Wut oder physische Anspannung entlade sich oftmals in sogenannten Stammesfehden, die Fanon als Ersatzhandlungen beschreibt; auch Religion und Tanz seien Ventile, die koloniale Situation zu ertragen (ebd., 45 ff.). Die Wut oder Spannung, die der Kolonialismus bei den Kolonisierten erzeugt, kann jedoch auch in antikolonialen Widerstand münden – wobei Fanon betont, dass die Gewalt des Kolonialregimes und die Gegengewalt der Kolonisierten einander entsprächen (ebd., 74).

Obwohl sich Fanon mit Verve für die Sache des antikolonialen Widerstands einsetzte, war er nicht der Auffassung, dass der politische Kampf um Dekolonisation und Befreiung mit dem Erreichen der Unabhängigkeit bereits ausgefochten wäre. Denn seiner Einschätzung nach hinterlässt der Kolonialismus ein nachhaltiges Erbe, das sich auf unterschiedliche Aspekte von Wirtschaft, Politik und Kultur erstreckt.

In diesem Zusammenhang sind zunächst die psychischen Störungen zu nennen, die der Kolonialismus erzeugt. Sie veranlassen Fanon zu der pessimistischen Prophezeiung, dass die »menschliche Hinterlassenschaft Frankreichs in Algerien eine ganze Generation von Algeriern sein wird, die vom willkürlichen und kollektiven Totschlag mit allen seinen psychoaffektiven Nachwirkungen geprägt ist« (ebd., 259).

Aber auch die wirtschaftliche Lage der ehemaligen Kolonien schätzt Fanon als äußerst prekär ein. Der Reichtum Europas sei nämlich »auf dem Rücken der Sklaven errichtet worden, er hat sich vom Blut der Sklaven ernährt, er stammt in direkter Linie vom Boden und aus der Erde dieser unterentwickelten Welt« (ebd., 79). Aus diesem Grund hält Fanon eine globale »Neuverteilung der Reichtümer« für notwendig (ebd., 80) und fordert Reparationen, massive Hilfe »ohne allzu viele Bedingungen« (ebd., 85). Aber auch binnenökonomische Veränderungen beschreibt er als unerlässlich: »Wenn die Arbeitsbedingungen nicht verändert werden, wird man Jahrhunderte brauchen, um diese Welt zu vermenschlichen, die der Imperialismus auf die Stufe des Animalischen herabgedrückt hat.« (Ebd., 82)

Schließlich bereiten auch die politischen Hinterlassenschaften des Kolonialismus jungen Postkolonien häufig Schwierigkeiten – zumindest dann, wenn sich eine nationale Bourgeoisie durchgesetzt hat, die an einer grundlegenden Umwälzung der kolonialen Verhältnisse nicht interessiert ist oder sich dazu nicht in der Lage sieht. Einparteiensysteme prangert Fanon in diesem Sinne als »moderne Form der bürgerlichen Diktatur ohne Maske« an;

der Staatsführer sei in solchen Fällen eine »moralische Macht, unter deren Schutz die Bourgeoisie der jungen Nation, mager und mittellos, sich zu bereichern beschließt« (ebd., 141). Auf diese Weise komme es schnell zu Korruption auf der einen Seite, zu Elend auf der anderen; das neue Regime stütze seine Macht – wie vorher das Kolonialregime – auf Armee und Polizei, die »von ausländischen Experten beraten wird« (ebd., 147). Fanons pessimistische Schlussfolgerung: »So praktiziert also das ehemalige Mutterland eine indirekte Regierung, und zwar gleichzeitig durch die Bourgeoisie, die sie ernährt, und durch eine nationale Armee, die von ausländischen Experten aufgebaut wird und das Volk fesselt, lähmt, und terrorisiert« (ebd., 149). Abhilfe könne hier nur eine »Politisierung des Volkes« schaffen (ebd., 154), eine radikale Dezentrierung der Macht, eine Regierung »durch das Volk und für das Volk, für die Entrechteten und durch die Entrechteten« (ebd., 174). In der Politikwissenschaft nennt man ein solches politisches Programm meist radikale Demokratie.

Dass dieses Projekt die Wertschätzung oder zumindest Toleranz von Pluralismus und Diversität erfordert, war Fanon ebenfalls bewusst. Pointiert weist er auf die Gefahren hin, die eine Politisierung des nationalen Bewusstseins birgt, und mit Nachdruck kritisiert er jene Nationalisierungstendenzen der nachkolonialen Bourgeoisien und Grundbesitzer, die lediglich eine »Übertragung der aus der Kolonialperiode vererbten Vorrechte auf die Autochthonen« zum Ziel haben, anstatt die gesamte Wirtschaft, einschließlich der Landwirtschaft, in den Dienst des Volkes zu stellen und das staatliche Handeln an den neuen sozialen Verhältnissen und den Bedürfnissen der Bevölkerung zu orientieren (ebd., 130). Fanon zufolge besteht das Problem derartiger Priorisierungen einer »Afrikanisierung der Kader« nicht lediglich darin, dass sie die Inangriffnahme der großen sozio-ökonomischen Herausforderungen, vor denen Postkolonien stehen, verhindern.

Zudem schürten sie Ultra-Nationalismus, Chauvinismus und Rassismus. »Während die nationale Bourgeoisie in einen Wettstreit mit den Europäern tritt, beginnen die Handwerker und die kleinen Berufe einen Kampf gegen die nicht nationalen Afrikaner«, stellt er fest (ebd., 133). Neben dem Erstarken ethnischer Differenzierungen und entsprechender xenophober Tendenzen diagnostiziert er besorgt das Entstehen religiöser Konflikte, insbesondere zwischen Christen und Muslimen (vgl. ebd., 135 ff.). Zwar charakterisiert Fanon derartige Tendenzen als angstbasierten »Abwehrrassismus« und unterscheidet sie in dieser Hinsicht vom westlichen bürgerlichen »Rassismus der Verachtung« (ebd., 139). Dennoch bereitet es ihm großes Unbehagen, »wenn man in einem Land, das sich afrikanisch nennt, ausgesprochen rassistische Betrachtungen hört [...], die den bitteren Eindruck hinterlassen, man befinde sich in Paris, Brüssel oder London« (ebd., 138).

Zu derartigen Betrachtungen zählt Fanon auch jene »über den Schleier der Frauen, über die Polygamie, über die angebliche Missachtung des weiblichen Geschlechts bei den Arabern« (ebd.). Diesem Thema hat er sich an anderer Stelle in größerer Ausführlichkeit gewidmet – und zwar in seinem Aufsatz »Algerien legt den Schleier ab«, der das Buch *Aspekte der Algerischen Revolution* eröffnet. Fanon beschreibt in diesem Aufsatz, auf welche Weise die französische Kolonialmacht die Situation der algerischen Frauen »zum Leitmotiv der Aktion« erhob und welche Konsequenzen sich daraus für den antikolonialen Widerstand ergaben (Fanon 1969, 22). Er zeigt also auf, wie und auf welche Weise Geschlecht im kolonialen Algerien zum kulturellen Differenzmarker erhoben wurde – ein Prozess, der alles andere als ein Einzelfall war. In jenen kolonialen Konstellationen, die mit einer Zivilisierungsmission einhergingen, lief das geschlechterpolitische Programm europäischer Kolonialmächte häufig darauf hinaus, vorkolonialen Gesellschaften Sexismus zuzuschreiben und die koloniale Ordnung mit dem Willen zur Durchsetzung von Geschlechtergerechtigkeit zu assoziieren.[10] Gayatri Chakravorty Spivak hat für solche Strategien des *Othering* von Sexismus die griffige Wendung »Weiße Männer retten braune Frauen vor braunen Männern« geprägt (Spivak 2008a, 78).

Im algerischen Fall waren es Fanon zufolge die Funktionäre der französischen Verwaltung, die sich der Aufgabe annahmen, »die Zerstörung der Eigenart des Volkes« zu bewirken und zu diesem Zweck die Algerierinnen zum Ablegen des Schleiers, vor allem aber zur Kollaboration zu bewegen – und zwar nach der Devise: »Wenn wir die Frauen gewonnen haben, dann haben wir den Kampf gewonnen.« (Fanon 1969, 21) Ansatzpunkt dieser Version kolonialer Kultur- und Geschlechterpolitik war die Diagnose einer paternalistischen Gesellschaftsstruktur, gegen die man die Algerierinnen mobilisieren wollte. Fanon führt aus:

> »Die Besatzungsmacht möchte die gedemütigte, beiseite gedrängte, eingeschlossene Frau verteidigen. Man beschreibt die unermeßlichen Möglichkeiten der Frau, die leider vom algerischen Mann in ein träges, entwürdigtes, das heißt entmenschlichtes Objekt verwandelt worden ist. Das Verhalten des Algeriers wird als mittelalterlich und barbarisch denunziert. [...] Der Okkupant will das Familienleben des Algeriers entschleiern; er häuft Verdächtigung auf Verdächtigung, vervielfacht die Anekdoten und erbaulichen Exempel und versucht so, die Traditionen und Bräuche aufzubrechen.« (Ebd., 22)

Vor dem normativen Horizont des liberalen Feminismus ließe sich nun konstatieren, dass die Geschlechterverhältnisse im kolonialen Algerien (wie übrigens in Frankreich auch) in jener Zeit, d.h. ab den mittleren 1930er Jahren, tatsächlich nicht von Egalitarismus geprägt waren. Und Fanon ließe sich vorwerfen, dass er in seiner Analyse die Instrumentalisierung der Geschlechterfrage für kolonialpolitische Zwecke insofern reproduziert, als er an einer komplexen *feministischen* Interpretation der französischen Geschlechterpolitik im kolonialen Algerien wenig Interesse zeigte, obwohl u.a. mit Simone de Beauvoirs 1949 erschienener Studie *Das andere Geschlecht* (Beauvoir 1992) das theoretische Rüstzeug für ein solches Unterfangen durchaus zur Verfügung gestanden hätte. Stattdessen qualifizierte er jene Frauen, die das Kopftuch tatsächlich abgelegt hatten, pauschal als »Musterfrauen« ab, die »mit nacktem Gesicht und freiem Körper als Münzgeld der europäischen Gesellschaft« herumliefen (ebd., 26). Doch Fanons Ausführungen zur kolonialen Geschlechterpolitik sind trotz dieser Einschränkung äußerst erhellend. Denn sie richten das Augenmerk auf die Bedeutungskämpfe und -verschiebungen, welche die koloniale Geschlechterpolitik bewirkte – insbesondere hinsichtlich des Schleiers. Dessen große Bedeutung war seiner Analyse nach nämlich alles andere als vorpolitisch – beispielsweise schlicht religiös –, sondern vielmehr ein Effekt just jener Kolonialpolitik, die ihn in ihr Zentrum stellte. Allerdings unterschied sich die Bedeutung des Schleiers in *inhaltlicher* Hinsicht bald sehr deutlich von jener, die ihm die Franzosen zugewiesen hatten. Fanon schreibt:

»Der kolonialistischen Offensive gegen den Schleier setzt der Kolonisierte den Kult des Schleiers entgegen. Was ein Element unter vielen in einem homogenen Ganzen war, gewinnt jetzt einen Tabucharakter; die Einstellung der Algerierin zum Schleier wird fortan in Verbindung gebracht mit ihrer allgemeinen Einstellung zur Besatzungsmacht. Der Kolonisierte reagiert auf die Hervorkehrung eines Bestandteils seiner Tradition durch den Kolonialisten sehr heftig. Das Interesse, diesen Bestandteil zu verändern, die vom Eroberer in seiner pädagogischen Arbeit gezeigte Hingabe, seine Bitten, seine Drohungen weben um das bevorzugte Objekt ein Netz der Widerstände. Gegen den Okkupanten gerade in dieser Sache standzuhalten bedeutet, ihm eine spektakuläre Niederlage beizubringen.« (Ebd., 31)

Fanons Analyse zufolge zählt also zu den Effekten jener kolonialpolitischen Maßnahmen, die den Schleier zum Symbol hierarchischer Geschlechterbeziehungen stilisieren, seine Umdeutung in ein Symbol des Antagonismus zwischen Kolonisatoren und Kolonisierten. Die Bedeutung des Schleiers wandelt sich also; und neben der skizzierten erfährt er Fanon zufolge sogar noch weitere Bedeutungsverschiebungen, nicht zuletzt aufgrund seines strategischen Einsatzes durch Aktivistinnen des antikolonialen Widerstands.[11]

Dass die Geschlechterverhältnisse auf diese Weise zum integralen Element, zum Spielball und zum Symbol der Konfrontation zwischen kolonialer Ordnung und antikolonialen Kräften wurden, führt noch heute zu erheblichen Problemen für feministische Akteurinnen, insbesondere im globalen Süden. Folgt man der in den USA lehrenden Philosophin Uma Narayan, die bei ihren Überlegungen den indischen Kontext im Blick hat, zählt zu den Spätfolgen der Instrumentalisierung der Geschlechterverhältnisse für die Durchsetzung kolonialer Machtansprüche nämlich nicht zuletzt der Umstand, dass weibliche Emanzipationsbestrebungen von antifeministischen Kräften zuweilen noch heute mit westlichen Ideen kurzgeschlossen und als kulturimperialistisch zurückgewiesen werden (vgl. Narayan 2001). Narayan kritisiert derartige Instrumentalisierungen der Nord-Süd-Verhältnisse für die Durchsetzung patriarchaler Machtansprüche mit Nachdruck, wenn sie erklärt:

»Ich würde behaupten, dass Versuche, die Sichtweisen und Politikansätze Dritter-Welt-Feministinnen als ›verwestlicht‹ abzulehnen, bekämpft werden sollten, zum einen, indem auf den selektiven und eigennützigen Gebrauch des Begriffs aufmerksam gemacht wird, und zum anderen, indem wir darauf bestehen, dass unsere Fragestellungen nicht weniger in den Erfahrungen in ›unseren Kulturen‹ wurzeln, nicht weniger ›repräsentativ‹ für unsere komplexen und sich verändernden Realitäten sind, als die Sichtweisen unserer Landsleute, die unsere Meinungen nicht teilen. Dritte-Welt-Feministinnen müssen dringend auf die tatsächliche Veränderung in ihren Kontexten hinweisen, so dass unsere Themenschwerpunkte nicht durch die Berufungen auf ›unveränderbare Traditionen‹ delegitimiert werden.« (Ebd., 377)

Während also Fanon aufgezeigt hat, wie im Zuge des Kolonialismus Geschlecht zum Spielball kolonialer und antikolonialer Politik wurde, verweist Narayan darauf, wie sich antifeministische Kräfte in einer postkolonialen Situation antiimperialistischer Rhetoriken bedienen. Das Vermächtnis des strategischen Feminismus der Kolonisatoren wird hier also zur Vorlage für einen strategischen Antiimperialismus von Antifeministen.

Politik und Wirtschaft in Postkolonien

Fanons kritische Analyse kolonialer Hinterlassenschaften hat vielfältige Forschungsprojekte inspiriert, die nachzuvollziehen suchen, inwieweit und wie die politische und die ökonomische Lage in gegenwärtigen Postkolonien historisch geprägt, von ihrem kolonialen Erbe beeinflusst ist. Wenn auf diese Weise die Genese aktueller Konstellationen als integraler Bestandteil politischer und ökonomischer Analysen angesehen wird, heißt das nicht – auch wenn die Gefahr dazu bestehen mag –, dass die Gegenwart und die ihr inhärenten Umstände und gegebenenfalls auch Probleme auf ihre Genese reduziert würden und dass in der Folge die Verantwortlichkeit für bestehende Probleme lediglich in der Vergangenheit bzw. den Kontextbedingungen gesucht und endogene Änderungspotenziale negiert würden. Vielmehr geht es von postkolonialen Theorien beeinflussten Sozialwissenschaftler/innen – ganz ähnlich dem Historiker Frederick Cooper – in erster

Linie darum, zunächst einmal von komplexen Ursachenkonglomeraten auszugehen und vor diesem Hintergrund von Fall zu Fall zu untersuchen, wie weit die konstatierte Pfadabhängigkeit im Konkreten reicht (vgl. auch Lazarus 2004, 19f.). Hierzu liegt eine Vielzahl unterschiedlicher Arbeiten vor. Einige besonders einfluss- bzw. aufschlussreiche dieser Positionen werden im Folgenden hinsichtlich ihrer wesentlichen Thesen grob konturiert.

Mahmood Mamdani, der in New York Politikwissenschaft und Ethnologie lehrt und ein Sozialforschungsinstitut in Kampala leitet, geht in seinem Buch *Citizen and Subject. Contemporary Africa and the Legacy of Late Colonialism* der Frage nach, wie im heutigen Afrika südlich der Sahara Macht organisiert ist. Zu diesem Zweck analysiert er das politische Institutionengefüge in afrikanischen Postkolonien. Dieses wiederum ist, so seine These, nur zu verstehen, wenn man es vor dem Hintergrund der während der Kolonialzeit eingeführten Mechanismen der »indirekten Herrschaft« betrachtet. Indirekte Herrschaft bezeichnet ein Modell politischer Steuerung, bei dem »tribalen« Autoritäten Regierungsmacht auf lokaler Ebene übertragen bzw. überlassen wird. Dieses Modell führte Mamdani zufolge in den afrikanischen Kolonien zu einer Zweiteilung des Rechtssystems, die gravierende Auswirkungen nicht zuletzt auf die Organisation von Staatsbürgerschaft hatte: Denn einerseits galt »modernes« Recht, andererseits lokales Gewohnheitsrecht. Das »moderne« Recht erstreckte sich allerdings exklusiv auf Europäer/innen sowie die europäischen Gebiete, d.h. vor allem die urbanen Zentren. Das Gewohnheitsrecht hingegen galt für die Gemeinschaften der verschiedenen Ethnien, existierte also selbst in pluralisierter Form.

Der koloniale Staat war damit nicht nur multikulturell und multiethnisch, sondern zudem rassistisch strukturiert: Staatsbürgerstatus kam lediglich jenen Personen zu, die als »zivilisiert« galten. Der schwarzen Arbeiterbevölkerung in den Städten wurde dieses Attribut abgesprochen – weshalb sie sich, unerfasst auch vom lokalen Gewohnheitsrecht, in einem rechtlichen Schwebezustand befand (Mamdani 1996, 19). Die politisch stets in tribalen Einheiten gedachte und adressierte Bevölkerung der ländlichen Gebiete war vom Staatsbürgerstatus ebenfalls ausgeschlossen – für sie galt jedoch das jeweilige Gewohnheitsrecht. Diese Geltung kam allerdings keinesfalls einer Fortsetzung vorkolonialer Regierungsstrukturen auf lokaler Ebene gleich. Vielmehr zog die Einführung der indirekten Herrschaft eine bedeutende Transformation dieser Strukturen nach sich. Mamdani charakterisiert das Ergebnis dieser Transformation als »dezentralisierten Despotismus« – denn die den lokalen Autoritäten zugestandene Macht war total, d.h., sie bezog sich einerseits auch auf vormals autonome soziale Sphären wie Haushalte, Altersgruppen und Geschlechtergemeinschaften, andererseits war sie staatlich abgestützt (ebd., 110). Die tribalen Autoritäten wurden auf diese Weise zum dezentralisierten Arm des kolonialen Staates – und die ländliche Bevölkerung zu seinen Untertanen (ebd., 52).

Mamdani zufolge überlebten diese Strukturen, die auf kategorialen Differenzierungen von Stadt und Land sowie von ethnischen Gruppen fußten, in vielen Fällen die Unabhängigkeit und wurden im Zuge nachkolonialer Reformen re-institutionalisiert. Resultat war seiner Einschätzung nach u.a. eine defizitäre Durchsetzung von Rechtsstaatlichkeit (ebd., 285), mit anderen Worten: begrenzte Staatlichkeit, flankiert von Unsicherheit und Gewalt. Die afro-pessimistische Lösung, Abhilfe müsse von außen kommen, problematisiert Mamdani jedoch ebenso wie Lösungen, die das Vermächtnis der indirekten Herrschaft reproduzieren, indem sie auf gesamtgesellschaftliche Demokratisierungsanstrengungen zugunsten von lokalen, dezentralisierten Regierungs- und Organisationsformen verzichten (ebd., 296ff.).

Die Etablierung einer demokratischen Öffentlichkeit gehört auch zu den Fernzielen des in Südafrika und den USA lehrenden Kultur- und Sozialwissenschaftlers Achille Mbembe, der es sich in seinem einflussreichen Buch *On the Postcolony* ebenfalls zur Aufgabe macht, aktuelle Nachwirkungen des Kolonialismus zu analysieren. Anders als Mamdani, der sein Hauptaugenmerk auf das politische Institutionengefüge legt, fokussiert Mbembe die epistemische, die diskursive Dimension kolonialer Praktiken und ihre Effekte – in erster Linie jene rassistischen Differenzkonstruktionen, in denen Afrika zum radikal Anderen Europas hypostasiert und seinen Bewohner/innen die vollständige Menschlichkeit abgesprochen wurde. Mbembe analysiert diese Differenzkonstruktionen als Form von Macht, die inhärent mit Gewalt verknüpft ist. Zum einen verweist er dabei auf ihren Inhalt: Die Reduktion auf Körperlichkeit, die Irrationalitätszuschreibungen und die damit einhergehende Animalisierung bzw. Bestialisierung, die koloniale Vorstellungen und Zuschreibungen der afrikanischen Bevölkerung charakterisierten, hatte Mbembe zufolge brutalisierende Effekte (Mbembe 2001, 14). Ferner handelte es sich bei derartigen Bildern von Afrikaner/innen nicht lediglich um Imaginationen und Repräsentationen, die in der Sphäre des Kulturellen zirkulierten, sondern diese Vorstellungen wurden im Rahmen von Sklavenhandel und Kolonialismus institutionalisiert und damit auf vielfältige Weise materialisiert. Nach Mbembe dringt die Gewalt auf diese Weise in die Ökonomie, das Privatleben, die Sprache und das Bewusstsein ein; sie werde zur kulturellen Praxis und konstituiere eine Stimmung, einen »Geist der Gewalt« (*spirit of violence*; ebd., 175) mit nachhaltigen Subjektivierungseffekten.

Positive Veränderungen verspricht er sich durch die Stärkung der Idee einer gemeinsamen menschlichen Natur (ebd., 2). Damit rekurriert er jedoch nicht ungebrochen auf westlichen Humanismus und Universalismus, denn seiner Ansicht nach zählt es zu den zentralen Aufgaben postkolonialer Kritik, gerade die rassistischen Schattenseiten offenzulegen, die jene Tradition zum Zweck der argumentativen Begrenzung ihres Geltungsanspruchs auf Europäer/innen hervorgebracht hat. Um die Effekte der kolonialen Ordnung in der Gegenwart nicht zu reproduzieren, bedarf es Mbembe zufolge vielmehr einer politischen Kultur, die es jeder Person möglich macht, ihren Subjektstatus wiederzuerlangen und damit interpersonal dialogfähig zu werden; denn nur dies ermögliche das Durchbrechen der Logik von gewaltförmigen kolonialen Hierarchien auf der einen Seite und antikolonialer Gegengewalt und Rache auf der anderen (Mbembe 2009, 36 f.). Ziel – auch wenn dies eher als Utopie und damit als Referenzrahmen oder Zielrichtung wünschenswerter politischer Entwicklungen formuliert ist denn als Blaupause für konkrete Maßnahmen – ist die Etablierung »ethischer Gemeinschaften« just in jenen Kontexten, in denen vormals koloniale Differenzlinien und Hierarchien herrschten; eine an Fanon erinnernde »neue Form des kritischen Humanismus«, die an eine tatsächlich universale, inklusive Vorstellung von Bürger/innenschaft geknüpft ist (ebd., 38).

Obwohl die Arbeiten von Mamdani und Mbembe durch deutlich unterschiedene Fragestellungen geleitet sind – im einen Fall sind Institutionen Ausgangspunkt der Forschung, im anderen Fall Differenzdiskurse –, ist doch auffällig, dass beide Autoren die von ihnen konstatierten Regierungsprobleme durch Maßnahmen der Demokratisierung zu beheben vorschlagen. Nur demokratische Regierungsformen seien in der Lage, mit den noch im gegenwärtigen System eingeschriebenen kolonialen diskursiven Mustern und Strukturen zu brechen und ihnen gegenüber eine Alternative zu bieten.

In eine ähnliche Richtung argumentieren auch Autoren aus Lateinamerika und der Karibik, wobei der Kolonialismus in vielen Ländern dieser Region formal wesentlich früher endete als in afrikanischen Staaten, nämlich bereits im frühen 19. Jahrhundert. Dafür nimmt die Rolle der US-Außenpolitik sowie der globalen Wirtschaftspolitik in postkolonialen Analysen aus dieser Region eine vergleichsweise wichtige Rolle ein.

Deutlich wird dies etwa in den Arbeiten von Brian Meeks, die sich auf den karibischen Raum und hierbei insbesondere auf Jamaika beziehen. Der Politologe Meeks ist kein postkolonialer Theoretiker im engen Sinne. Doch er bezieht Forschungsarbeiten aus dem Umfeld der postkolonialen Studien in seine eigenen Analysen mit ein. Meeks zufolge bestehen die gegenwärtigen Governanceprobleme Jamaikas nicht nur in Klientelismus, Tribalismus und Gewalt – auch extreme soziale Ungleichheit und die Abwanderung der Mittelschicht mit daraus resultierenden Effekten des sogenannten *Braindrain* sind zentrale Elemente (Meeks 2007, 119 ff.). Die Gründe für aktuelle Regierungsprobleme sieht er in den Nachwirkungen des Kolonialismus, jedoch auch in den Effekten der Strukturanpassungsprogramme, die seit den 1980er Jahren umgesetzt wurden – eine These, die auch von anderen Karibikforschern vertreten wird (vgl. z.B. Ryan 2001; Hintzen 2001). Zu Meeks Zukunftsvisionen zählen neben einer Landreform und einem neuen Sozialpakt Maßnahmen der Demokratisierung, die auf radikaldemokratischen Prinzipien aufruhen und Vorschläge wie jährlich stattfindende öffentliche Budgetdebatten ebenso einschließen wie die Einsetzung demokratisch gewählter Aufseher über das Parlament, Maßnahmen zur Erhöhung des Frauenanteils in den politischen Gremien, die Stärkung demokratischer Körperschaften auf lokaler Ebene und die Integration der Exilbevölkerung in die nationale Politik (Meeks 2007, 131 ff.). Staatlicher Souveränität kommt hier also eine wichtige normative Bedeutung zu, und ihre Unterminierung – nicht zuletzt durch Strukturanpassungsmaßnahmen – wird deutlich problematisiert. Hält man sich vor Augen, dass der Kolonialismus eine grobe *Verletzung* souveräner Rechte darstellte, ist dieses Grundanliegen postkolonialer Politikanalysen fast naheliegend. Es ließe sich als normatives Vermächtnis der kolonialen Erfahrung werten.

Die große Bedeutung der globalen Ökonomie für Geschichte und Gegenwart wird auch in postkolonialen Positionen aus und über Lateinamerika betont. Laut Fernando Coronil besteht die Aufgabe lateinamerikanischer postkolonialer Studien daher in der historischen Analyse der Transformationsprozesse nach der Unabhängigkeit sowie in der Untersuchung gegenwärtiger Formen des Imperialismus (Coronil 2004, 239). Coronil ist dabei bei weitem nicht der Einzige, der die globalen Machtbeziehungen, in die lateinamerikanische Staaten in den letzten zweihundert Jahren, also seit den ersten Unabhängigkeitserklärungen eingebunden waren, aufgrund bestehender wirtschaftlicher Abhängigkeiten und Einflussnahmen sowie anlässlich vielfältiger vom US-Geheimdienst gesteuerter Interventionen als imperial bezeichnet hat (vgl. z.B. Grandin 2007; Moraña/Dussel/Jáuregui 2008, 2). In seinen eigenen Arbeiten hat Coronil dieser Konstellation durch Untersuchungen postkolonialer Staatlichkeit sowie durch kritische Analysen westlicher Repräsentationen nichtwestlicher Räume Rechnung getragen. Dabei war es ihm stets wichtig, Machtverhältnisse und Verflechtungen zwischen diesen unterschiedlichen Kontexten im Blick zu haben – denn gängige westliche Repräsentationsmuster seien dadurch charakterisiert, dass sie imperiale Machtbeziehungen ausblenden (Coronil 1997, 14 f.; 2002).

Die in der Schweiz lehrende Anthropologin Shalini Randeria, deren Untersuchungsregion vornehmlich Indien ist, setzt sich ebenfalls mit den Grenzen westlicher Repräsentationsmuster auseinander. Dabei hinterfragt sie die Übertragbarkeit und Reichweite euro-atlantischer Politikmodelle, insbesondere die mit ihnen oft einhergehende binäre Unterscheidung zwischen starken und schwachen Staaten. Randeria zufolge können staatliche Praktiken, die sich gemessen an westlichen Idealen als staatliche Schwäche oder gar Staatsversagen darstellen, durchaus Ausdruck staatlicher Macht sein – weshalb sie den Begriff des »listigen Staats« eingeführt hat. Listige Staaten – als Beispiele führt sie Indien, Mexiko und Russland an – sind Randeria zufolge zweifellos »in der Lage, die Bedingungen auszuhandeln, unter denen sie die Souveränität in bestimmten Politikfeldern mit anderen Akteuren teilen, während sie über andere die Kontrolle behalten« (Randeria 2006, 217). »Listig« sind derartige Staaten, weil sie ihre vermeintliche Machtlosigkeit als Argument benutzen, um in selektiver Weise Ansprüche internationaler Geber oder auch ihrer Bevölkerung abzuwehren; sie »verleugnen ihre Macht nur, um sie auszuüben und sich dennoch mit Hinweis auf die eigene Machtlosigkeit der Verantwortung zu entziehen« (ebd.). Dadurch gelingt es ihnen, vor dem Hintergrund der unterschiedlichsten externen und internen Vorgaben und Restriktionen die eigene Handlungs- und Steuerungsfähigkeit auszuweiten (ebd., 234 f.). Der listige Staat affirmiert also in den unterschiedlichsten politischen Arenen diskursiv seine eigene Schwäche – letztlich erweist sich jedoch an seiner strategischen Selbstrepräsentation als schwach seine Stärke.

Kolonialismus und Erinnerungspolitik

Koloniale Vermächtnisse sind nicht nur in Postkolonien zu finden, sondern auch in ehemaligen Kolonialstaaten. Einige dieser Vermächtnisse sind explizite Orte bzw. Objekte der Erinnerung wie etwa Kolonialdenkmäler oder Straßennamen, die an »Helden« der Kolonialzeit erinnern; in der Bundesrepublik sind derartige Orte und Objekte in den letzten Jahren vielfach zum Gegenstand von Resignifizierungs- und Umbenennungsprozessen geworden, für die sich u.a. Initiativen wie *Deutschland Postkolonial* oder lokalpolitisch verankerte Projekte und Vereine wie *freiburg-postkolonial.de*, *BERLIN POSTKOLONIAL* und entsprechende Organisationen in weiteren Städten einsetzen. Doch auch in der Alltagskultur leben koloniale Bilder, Imaginationen und Institutionen nach; derartige Vermächtnisse sind seit ein paar Jahren vermehrt Thema kritischer Spurensammlungen und Analysen, auch in diesem Fall oftmals mit lokalem, stadtgeschichtlichem Bezug (z.B. Möhle 1999; Heyden/Zeller 2002; 2007).

Derartige Zusammenstellungen und Analysen zeigen, dass koloniale Fantasien der Zeit des Kolonialismus im formalen Sinne – im Falle Deutschlands dem Zeitraum zwischen 1884 und 1918 – nicht nur um mehrere Jahrhunderte vorausgingen, sondern sie auch um Dekaden überlebten. In der Geschichtswissenschaft wird in diesem Zusammenhang von kolonialen »Phantasiereichen« gesprochen (Kundrus 2003; vgl. auch Zantop 1997).

Das Aufspüren materieller und ideeller Hinterlassenschaften des Kolonialismus in der metropolitanen Gegenwart dient in erster Linie der Vergegenwärtigung und Kritik der großen Persistenz kolonialer Artefakte, Denk- und Organisationsmuster. Daneben ist eine explizit erinnerungspolitische Diskussion zum kolonialen Erbe zu verzeichnen – in Deutschland wird sie besonders mit Bezug auf Namibia, das einstige »Deutsch-Südwestafrika« geführt.[12] Einer Auseinandersetzung mit den Implikationen des Krieges zwischen deutschen »Schutztruppen« und Herero, Nama und Damara, der in den Jahren zwischen 1904 und 1908 ausgetragen wurde und zum Genozid führte, kommt dabei eine besondere Bedeutung zu (vgl. Böhlke-Itzen 2004; Melber 2005; Hobuß/Lölke 2007). An diesem Punkt korrespondiert die akademische Diskussion zu den erinnerungspolitischen Aspekten des deutschen Kolonialismus mit politischen Debatten, insbesondere jener um die Frage, ob sich die Bundesregierung bei den Nachfahren der Überlebenden des Krieges offiziell entschuldigen bzw. gar zur Zahlung von Reparationen bereit erklären solle – beides sind Forderungen, die besonders prominent von Kuaima Riruako, dem *Paramount Chief* der Herero, erhoben worden sind und die seit Beginn des Jahrtausends sowohl in Berlin als auch in Windhoek zu ausführlichen politischen Kontroversen führen.

Dass man über postkoloniale Verantwortung im politischen Betrieb der Bundesrepublik wie auch Namibias diskutiert, zeigt, dass es sich im Falle des besagten Kolonialkrieges um ein Moment geteilter Geschichte handelt. Der Krieg, seine Erinnerung und seine politischen Implikationen vereinen – und trennen – jedoch nicht nur Namibier/innen und Deutsche, sondern auch die Nachfahren der verschiedenen Kriegsparteien im heutigen Namibia. Noch immer spielt der Kolonialkrieg zu Beginn des 20. Jahrhunderts für herero-, nama-, damara- sowie für deutschsprachige Namibier/innen eine wichtige Rolle, die sich in teilweise sehr distinkten Erinnerungsritualen manifestiert, ganz unterschiedliche Gedenkinitiativen hervorbrachte und partiell übereinstimmende, partiell jedoch auch deutlich voneinander abweichende politische Forderungen und Haltungen hervorruft (vgl. Förster 2010).[13]

Das Vermächtnis des Kolonialismus, das hat dieses Kapitel gezeigt, ist vielfältig – es erstreckt sich auf politische, ökonomische und diskursiv-symbolische Aspekte; es bestimmt die Verhältnisse in Postkolonien, hat jedoch auch in ehemaligen Kolonialstaaten deutliche Spuren hinterlassen. Zu diesen Spuren zählen in besonderem Maße erhalten gebliebene und reaktualisierte

Formen überkommener Differenzkonstruktionen, die im Mittelpunkt der folgenden beiden Kapitel stehen werden. Vorgestellt werden dort zum einen unterschiedliche Ansätze einer kritischen Analyse besagter Konstruktionen; zum anderen werden Positionen präsentiert, die Alternativen zum dichotomisierenden und in vielen Fällen zudem rassistischen Denken zu etablieren suchen.

4. *The West and the Rest* I: Zwischen Orient und Okzident

In den frühen 1990er Jahren veröffentlichte der britische Soziologe und Kulturwissenschaftler Stuart Hall einen Aufsatz, dessen griffiger Titel in den postkolonialen Studien schnell zum geflügelten Wort wurde: »The West and the Rest« heißt der Text im englischen Original. Sein Thema ist die Rolle außereuropäischer Gesellschaften bei der Entstehung dessen, was wir heute als »Modernität« bezeichnen. Der Begriff »Modernität« verweist dabei auf Vorstellungen über die westliche Moderne und die ihr zugeschriebenen Attribute wie ein hoher Entwicklungs- und Industrialisierungsgrad, marktwirtschaftliche Organisationsprinzipien, eine städtische Prägung und säkulare Ordnungsmuster. Hall geht nun insbesondere der Frage nach, wie die Idee einer grundlegenden Differenz zwischen dem Westen und dem Rest der Welt hervorgebracht und dargestellt worden ist. Seiner Arbeit liegt die These zugrunde, dass diese Idee konstitutiv für die Herausbildung des westlichen Selbstverständnisses war. Den Diskurs vom Westen und dem Rest umreißt – und kritisiert – Hall folgendermaßen:

»Er stellt als homogen dar (den Westen), was tatsächlich sehr differenziert ist (die verschiedenen Kulturen). Und er behauptet, daß diese verschiedenen Kulturen durch eine Tatsache vereinigt sind: Dadurch, daß *sie sich alle vom Rest unterscheiden.* Genauso stellen die Kulturen des Rests, obwohl untereinander verschieden, in dem Sinne dasselbe dar, daß *sie alle vom Westen verschieden sind.* Kurz, der Diskurs stellt, als ein ›Repräsentationssystem‹, die Welt entsprechend einer einfachen Dichotomie geteilt dar – in den Westen und den Rest. Das ist es, was den Diskurs des ›Westens und des Rests‹ so zerstörerisch macht – er trifft grobe und vereinfachte Unterscheidungen und konstruiert eine absolut vereinfachte Konzeption von ›Differenz‹.« (Hall 1994, 142f.)

Als vereinfachend bezeichnet Hall diese Differenzkonstruktion nicht nur deshalb, weil sie auf stereotypisierenden Darstellungen zweier äußerst heterogener Kontexte aufruht.[14] Auch die Aussagen über das Verhältnis oder die Beziehung zwischen dem Westen und dem Rest der Welt, die hier impliziert sind, kritisiert er als simplifizierend. Denn der Diskurs vom Westen und dem Rest erzeugt die Vorstellung, wir hätten es mit zwei jeweils in sich abgeschlossenen Räumen zu tun, die sich in grundlegenden Hinsichten – von der Rolle der Religion in der Gesellschaft bis hin zum Stand der wirtschaftlichen Entwicklung – schlicht unterscheiden, als wäre die West-Rest-Differenz also eine einfache, in einem Vergleich zu ermittelnde empirische Tatsache. Gegen diese Sicht führt Hall zunächst einmal die Geschichte ins Feld, genauer gesagt die Geschichte der europäischen Expansion seit dem 15. Jahrhundert, die er als historischen Rahmen der Entstehung des West-Rest-Diskurses beschreibt und in diesem Sinne als Umstand, der jeder Einschätzung des besagten Diskurses als ideologisch neutral oder »unschuldig« die Plausibilität nehme. Denn erstens beschrieb Europa die »Neue Welt« von Anbeginn unter Rekurs auf seine eigenen Begriffsraster und Denkmuster – der West-Rest-Diskurs war mithin immer schon eurozentrisch. Zweitens diente die europäische Expansion handfesten ökonomischen Interessen, die im die Expansion begleitenden West-Rest-Diskurs ihren Niederschlag fanden. Drittens schließlich begegneten sich Europa und der Rest der Welt im Zuge der europäischen Expansion nicht als Gleiche, sondern als Eroberer und zu Erobernde – was den Diskurs zu einem hierarchischen machte, der nicht lediglich zwei unterschiedliche Räume verglich, sondern den einen dieser Räume, nämlich den Westen, als überlegen konstruierte, dem anderen hingegen, dem Rest der Welt, Unterlegenheit zuschrieb. Der »Rest« wird in diesem Szenario zum Anderen Europas stilisiert, mit all jenem assoziiert, was Europa von sich weist, was nicht zu sein es beansprucht: rückständig, unterentwickelt, unzivilisiert etc. Damit wird die Konstruktion eines Bildes des Rests der Welt, in dem dieser als Gegenbild des Westens erscheint, zu einem wichtigen Element der Konstruktion des westlichen Selbstbildes. Diese Abhängigkeit von seinem Gegenbild wird jedoch vom westlichen Selbstverständnis in der Regel verleugnet – als die den Westen konstituierenden Merkmale werden stattdessen endogene historische Entwicklungsprozesse veranschlagt (Hall 1994, 137-179).

Als beispielhafte Darstellung und Analyse des West-Rest-Diskurses führt Hall Edward Saids 1979 erschienene, mittlerweile in mehrere Dutzend Sprachen übersetzte und im Nach-9/11-Zeitalter der wieder erstarkenden religiösen Rahmung globaler Konfliktlinien hochaktuell anmutende Studie *Orientalismus* an, die zu den wichtigen Gründungstexten der postkolonialen Studien zählt und daher im Folgenden ausführlicher gewürdigt werden soll.

Da sich die Auseinandersetzung mit dem West-Rest-Diskurs innerhalb der postkolonialen Theorie nicht auf die Kritik westlicher Repräsentationen des (orientalischen) Anderen beschränkt, sondern auch das moderne Selbstverständnis Europas bzw. des Westens zum Gegenstand kritischer Untersuchungen und Überlegungen macht, folgt dem Abschnitt zu Said eine Darstellung unterschiedlicher Stränge postkolonialer Moderne- und Hegemoniekritik, nämlich erstens Dipesh Chakrabartys Plädoyer dafür, Europa zu »provinzialisieren«, zweitens verschiedene Reformulierungen gängiger westlicher Geschichtsauffassungen und Modernekonzeptionen und drittens schließlich variierende Projekte der Okzidentalismuskritik.

Die Analyse orientalistischer Diskurse

Mit dem Begriff »Orientalismus« bezeichnet Edward Said eine spezifische Variante des West-Rest-Diskurses – eine »Umgangsweise mit dem Orient, die auf dessen besonderer Stellung in der europäisch-westlichen Erfahrung beruht« (Said 2009, 9). Diese besondere Stellung bestehe zunächst einmal in der unmittelbaren geografischen Nachbarschaft zu Europa. Der Orient ist Said zufolge jedoch mehr: Er war Ort bedeutender europäischer Kolonien sowie die »Quelle seiner Zivilisationen und Sprachen, sein kulturelles Gegenüber und eines seiner ausgeprägtesten und meistvariierten Bilder ›des Anderen‹« (ebd., 9 f.). Auf diese Weise habe der Orient Europa bzw. dem Westen dazu gedient, sich als dessen Gegenbild, seine Gegenerfahrung zu entwerfen – eine Dichotomisierung, die ohne radikale Vereinfachungen unmöglich gewesen wäre. Und so geht der Orientalismus Said zufolge mit einer Essentialisierung bzw. Naturalisierung von Orient und Okzident einher: er gebe »ein komplexes, heterogenes und dynamisches Phänomen als Wesenheit« aus und suggeriere »einen substantiellen Orient und, in gebührender Distanz, [...] einen ebenso substantiellen Westen« (ebd., 381). Beide stehen jedoch nicht in einem Verhältnis der Gleichheit, sondern in einem hierarchischen Verhältnis zueinander. Der Orientalismus konnte so zu einem »Symbol der europäisch-atlantischen Macht über den Orient« werden (ebd., 15).[15]

Um die Funktionsweisen des orientalistischen Diskurses mitsamt den ihn tragenden »Institutionen, dem entsprechenden Fachwissen, Vokabular und Symbolfundus« und zum Teil sogar mit »Kolonialbürokratien und Kolonialstilen« (ebd., 10) zu beschreiben, bezieht sich Said auf Michel Foucaults Diskursverständnis sowie auf Antonio Gramscis Hegemoniebegriff. Foucault hatte bereits 1970 die Einsicht formuliert, dass die Kontrolle, Selektion, Organisation und Kanalisierung von Diskursen, dass Prozeduren der Wahrheitsproduktion, der Klassifikation und der Reklamation relevanter Sprecherpositionen machtdurchsetzte Prozesse sind (Foucault 2000, 10 f.). Wenige Jahre später erweiterte er diese Überlegungen zur Idee einer konstitutiven Kopplung von Macht und Wissen, die sich schließlich in der Wendung »Macht-Wissen« ausprägen sollte. 1972 erklärte Foucault:

»Kein Wissen bildet sich ohne ein Kommunikations-, Aufzeichnungs-, Akkumulations- und Versetzungssystem, das in sich eine Form von Macht ist und in seiner Existenz und seinem Funktionieren mit den anderen Machtformen verbunden ist. Umgekehrt kommt es zu keiner Ausübung von Macht ohne die Gewinnung, Aneignung, Verteilung oder Zurückhaltung eines Wissens.« (Foucault 2002, 486)

In jener Zeit hatte Foucault damit begonnen, sich mit Theorien und Institutionen des Strafvollzugs zu beschäftigen; sein übergeordnetes Ziel dabei war – so jedenfalls formulierte er es selbst – der »Nachvollzug der Ausbildung bestimmter Wissensarten ausgehend von rechtlich-politischen Vorprägungen, die ihnen zur Geburt verholfen haben und ihnen als Stütze dienen« (ebd., 486). Er koppelte damit nicht nur Macht und Wissen, sondern unterstrich zudem – wenn auch bloß beiläufig –, dass Macht-Wissens-Komplexe im Zusammenhang ihres institutionellen Kontextes untersucht werden sollten. Und auch in seinen ebenfalls Mitte der 1970er Jahre in Angriff genommenen Studien zur Geschichte der Sexualität ging es ihm darum, zu ergründen, wie »in den abendländischen Gesellschaften die Produktion von Diskursen, die (zumindest für eine bestimmte Zeit) mit einem Wahrheitswert geladen sind, an die unterschiedlichen Machtmechanismen und -institutionen gebunden« ist (Foucault 1983, 8).[16] Macht ist Foucaults Verständnis zufolge also diskursiv und produktiv: Diskursiv ist sie, insofern sie ihre Wirkungen mithilfe gesellschaftlich etablierter Wahrheiten entfaltet, wobei es naheliegt, zentrale Produzenten derartiger Wahrheiten in den Wissenschaften auszumachen. Und produktiv ist sie, insofern sie zur Gestaltung gesellschaftlicher Institutionen ebenso beiträgt wie zur Etablierung von Selbstverhältnissen. Diesen letztgenannten Aspekt, nämlich dass gesellschaftlich wirksame Diskurse einen wichtigen Einfluss auf Prozesse der Identitätsbildung haben, hat Foucault dann vor allem in den frühen 1980er Jahren ausgeführt. Zu den subjektivierenden Effekten der Macht schrieb er:

> »Diese Machtform gilt dem unmittelbaren Alltagsleben, das die Individuen in Kategorien einteilt, ihnen ihre Individualität zuweist, sie an ihre Identität bindet und ihnen das Gesetz einer Wahrheit auferlegt, die sie in sich selbst und die anderen in ihnen zu erkennen haben. Diese Machtform verwandelt die Individuen in Subjekte. Das Wort ›Subjekt‹ hat zwei Bedeutungen: Es bezeichnet das Subjekt, das der Herrschaft eines anderen unterworfen ist und in seiner Abhängigkeit steht; und es bezeichnet das Subjekt, das durch Bewusstsein und Selbsterkenntnis an seine eigene Identität gebunden ist. In beiden Fällen suggeriert das Wort eine Form von Macht, die unterjocht und unterwirft.« (Foucault 2005, 275)[17]

Auch Antonio Gramsci hat sich für jene Aspekte von Macht interessiert, die ohne Zwang wirken und produktive Effekte erzeugen. Said rekurriert vor allem auf dessen Konzept der Hegemonie, der konsensualen, überzeugungsbasierten Durchsetzung spezifischer Ideen in der Zivilgesellschaft. Unter Zivilgesellschaft versteht Gramsci im Anschluss an Hegel »die Gesamtheit privater Organisationen der Gesellschaft« (Gramsci 1991ff., 515) bzw. die »politische und kulturelle Hegemonie einer gesellschaftlichen Gruppe über die ganze Gesellschaft, als ethischer Inhalt des Staates« (ebd., 729) – wobei er den Staat von der Zivilgesellschaft unterscheidet und als Instanz der Herrschaftsausübung fasst. In die Organisation der staatlichen Herrschaft und der gesellschaftlichen Hegemonie sind auch die Intellektuellen eingebunden; ihnen kommt die Aufgabe zu, »den durch das Prestige der Funktion in der Produktionssphäre gegebenen Konsens und den Zwangsapparat für diejenigen Gruppen, die weder aktiv noch passiv ›zustimmen‹, oder für diejenigen Momente einer Befehls- und Führungskrise, in denen der spontane Konsens eine Krise erleidet«, zu organisieren (ebd., 515). Said zufolge nun ist es »die Hegemonie – oder besser die Auswirkung der kulturellen Hegemonie, die dem Orientalismus seine Beständigkeit und Stärke verleiht« (Said 2009, 16). Gramsci habe einen Begriff dafür geprägt, wie sich »in allen nichttotalitären Gesellschaften gewisse Kulturformen und Ideen gegenüber anderen durchsetzen« können (ebd., 16). In diesem Sinne sei die wichtigste Komponente der europäischen Kultur jene Komponente, die diese Kultur innerhalb wie außerhalb Europas hat hegemonial werden lassen, die Idee, dass die europäische Identität im Vergleich zu allen nichteuropäischen Völkern und Kulturen überlegen sei (ebd.).

Der orientalistische Diskurs umfasst Said zufolge ästhetische, philosophische, ökonomische, soziologische, historische und philologische Texte und ist damit disziplinübergreifend organisiert (ebd., 21). Ferner vereinigen sich in ihm die akademische und die außerakademische Wissensproduktion, wobei zu Letzterer beispielsweise die Reiseliteratur, jedoch auch Berichte von Regierungsbeamten und von Missionaren zählen. Alle diese Textgattungen erzeugen gemeinsam den Rahmen für die Legitimation von Ansichten, Aussagen und Richtlinien sowie für regulierende Maßnahmen, die den Orient betreffen. Said zufolge wurde es auf diese Weise möglich, »den Orient gesellschaftlich, politisch, militärisch, ideologisch, wissenschaftlich und künstlerisch zu vereinnahmen – ja sogar erst zu erschaffen« (ebd., 12 f.). Dies ist der produktive Aspekt der Macht des orientalistischen Diskurses: Erstens reglementiert er das Denken und Handeln über den Orient und zweitens trägt er dadurch maßgeblich zum Erstarken der europäischen Kultur bei; denn diese finde zu sich durch Abgrenzung »vom Orient als einer Art Behelfs- und sogar Schattenidentität« (ebd., 12). Mit der empirischen Realität in jenen Ländern des Nahen Ostens und Asiens, die gemeinhin als Orient gelten, habe dieser Diskurs nur mittelbar etwas zu tun; denn er erlange seine Kraft nicht durch eine getreue Abbildung des Orients, sondern durch die Vernetzung, Institutionalisierung und damit institutionelle Stützung orientalistischen Wissens (ebd., 32 f.). Seinen Wahrheitswert erlangt dieser Diskurs daher auch nicht dadurch, dass er empirisch zutreffe, sondern eher durch die Effekte seiner internen Organisationsdichte – die Maßstäbe seiner Plausibilität liegen nicht im Orient, sondern im Orientalismus selbst. Und Said zufolge hält die Macht des orientalistischen Diskurses, dessen Entstehen er im späten 18. Jahrhundert ansetzt, bis heute an – in latenten wie in manifesten Varianten. Nach dem Zweiten Weltkrieg sei er zudem in den USA erstarkt, wobei die Funktion der akademischen Orientalistik des alten Europas dort von den sozialwissenschaftlich ausgerichteten Regionalstudien übernommen worden sei, die Hauptvertreter des gegenwärtigen Orientalismus mithin Nahost-Experten sind. Die orientalistischen »Hauptdogmen« haben laut Said die Reise über den Atlantik unbeschadet überstanden; sie bestünden darin,

»erstens, dass sich der vernunftgeleitete, hoch entwickelte, humane Westen in einem absoluten, systematischen Sinne von dem anomalen, unterentwickelten, minderwertigen Orient unterscheidet; zweitens, dass Abstraktionen über den Orient, besonders die auf ›klassische‹ Texte gestützten, grundsätzlich der direkten Beobachtung vorzuziehen sind; drittens, dass der Orient ewig einförmig und der Selbstdefinition unfähig ist, so dass eine hoch abstrakte Begrifflichkeit genügt, um ihn aus wissenschaftlicher Perspektive streng und ›objektiv‹ zu beschreiben; viertens, dass der Orient etwas Bedrohliches ist (die gelbe Gefahr, die Mongolenhorden, die braunen Dominionen), das wir beherrschen müssen (durch Befriedung, Forschung und Entwicklung und womöglich direkte Besatzung)« (ebd., 345).

Inhaltlich führen diese Dogmen Said zufolge zu einer statischen Sicht des Orients bzw. des mit ihm assoziierten Islam. Dabei werde dem Orient nicht nur die Erneuerungsfähigkeit abgesprochen, sondern er werde auch mit überkommenen Stereotypen wie jenen eines Hangs zum Despotismus, der Schlampigkeit und der Rückständigkeit assoziiert, Letzteres nicht zuletzt auch bezogen auf patriarchale Familienstrukturen. Ferner werde ihm eine besonders ausgeprägte Sinnlichkeit zugeschrieben – die mit Bezug auf den »orientalischen« Mann auf Stereotype sexueller Zügellosigkeit hinauslaufe, mit Blick auf die »orientalische« Frau auf kompatible Stereotype grenzenloser Hingabe (ebd., 235 ff., 357 f.).

Dass derartige Orient- und Islamvorstellungen auch in Europa nach wie vor Teil des gesellschaftlichen Imaginären sind und dass ihnen eine tragende Rolle in den unterschiedlichsten politischen Auseinandersetzungen zukommt, bedarf kaum ausführlicher Belege – hier genügt ein Blick in die Tagespresse. Man denke nur an das Bauverbot für Minarette, das 2009 per Volksentscheid in der Schweiz durchgesetzt wurde, oder an die im Herbst 2010 vom ehemaligen Bundesbanker Thilo Sarrazin provozierte und von der radikalfeministischen Publizistin Alice

Schwarzer geschlechterpolitisch befeuerte Debatte darüber, ob und inwiefern der Islam zu Deutschland gehören könne. Und selbst das Erstaunen, das weite Teile der westlichen Welt angesichts der politischen Umwälzungen in Tunesien und Ägypten im Frühjahr 2011 ergriff, erscheint im Lichte Saids kritischer Analyse als Reproduktion überkommener Denkmuster: Schon dem orientalistischen Schrifttum attestiert er ein fehlendes Verständnis für die revolutionären Entwicklungen in der arabischen Welt (ebd., 348, 362).[18]

Die postkoloniale Theorie ist bei der kritischen Analyse orientalistischer oder verwandter West-Rest-Diskurse nicht stehen geblieben. Auch Edward Said selbst ging einen Schritt weiter, nachdem ihm mit Bezug auf *Orientalismus* vorgehalten worden war, der Komplexität und den Effekten des von ihm untersuchten Diskurses nicht gerecht zu werden (Bhabha 2000, 104-109) bzw. den westlichen Orientdiskurs zu verabsolutieren und damit das westliche Beschweigen aller Selbst-Repräsentationen der »Orientalisierten« zu reproduzieren (Ahmad 1992, 172f.)

In seinem erstmals 1993 erschienenen Buch *Kultur und Imperialismus* (Said 1994), das die Beziehung zwischen dem modernen, kolonialistischen Westen des 19. und 20. Jahrhunderts und seinen Überseeterritorien untersucht und damit die ältere Analyse des orientalistischen Diskurses geografisch erweitert (ebd., 13), widmet er eines von vier langen Kapiteln dem Thema »Widerstand und Opposition« (ebd., 263-373). Interaktionserfahrungen zwischen Kolonisatoren und Kolonisierten, die in der Orientalismusstudie noch deutlich im Hintergrund standen, fokussiert Said in *Kultur und Imperialismus* nun explizit (ebd., 268). Damit geht er auch an diesem Punkt über seine vorherige Analyse hinaus.

Als wichtigen Effekt des Imperialismus weist Said in seinem neueren Buch den Umstand aus, dass Kulturen nicht als in sich abgeschlossene Entitäten existieren, sondern sich durch Hybridität und Heterogenität auszeichnen, intern divers und ausdifferenziert sind; seiner Einschätzung nach sind »alle Kulturen [...], zum Teil aufgrund ihres Herrschaftscharakters, ineinander verstrickt; keine ist vereinzelt und rein, alle sind hybrid, heterogen, hochdifferenziert und nichtmonolithisch« (ebd., 30). Diese Diagnose wirkt auch auf Saids Thematisierung antiimperialen Widerstands zurück. In diesem Zusammenhang spricht er sich eindeutig gegen jede Form von Nationalismus und Nativismus aus, da diese einer Akzeptanz imperialer Grenzkonstruktionen zwischen »Rassen«, Religionen und politischen Einheiten gleichkämen (ebd., 310) – wenngleich er an anderer Stelle auf die Tragik hinweist, dass Widerstand nicht umhinkönne, sich auf Formen zu beziehen und damit Formen zu reproduzieren, die der Kultur des Imperialismus entstammen (ebd., 288). Und auch die radikale Zurückweisung des Westens und westlicher Werte, oftmals das Komplement des antiimperialen Nationalismus und Nativismus, hält Said für problematisch.[19]

Seine eigenen Vorschläge liegen auf der Linie Frantz Fanons, auf dessen Unterscheidung eines befreiten sozialen Bewusstseins von einem lediglich nationalistischen Bewusstsein er zurückgreift und dessen Werk *Die Verdammten dieser Erde* er dafür rühmt, Lösungen jenseits des Manichäismus von Kolonialismus und Nationalismus zu suchen; Fanon ist Said zufolge der erste bedeutende antiimperialistische Theoretiker gewesen, »der gewahr wurde, daß der orthodoxe Nationalismus den Weg verfolgte, den der Imperialismus gebahnt hatte, der, während er der nationalistischen Bourgeoisie die Macht abzutreten schien, in Wirklichkeit seine Hegemonie erweiterte« (ebd., 363).

Grundsätzlich, d.h. mit Blick auf die einschlägige Literatur, identifiziert Said drei große Themen des dem Ziel einer Dekolonisierung verschriebenen kulturellen Widerstands. Erstens die

Forderung, das Beharren auf dem Recht, die eigene Geschichte vollständig und kohärent zu rekonstruieren – um auf diese Weise die Wiederherstellung von Gemeinschaft und Kultur zu ermöglichen. Zweitens die Überzeugung, Widerstand sei nicht lediglich eine Reaktion auf imperiale Herrschaft, sondern weise zudem den Weg zu einem alternativen Geschichtsentwurf jenseits kultureller Grenzlinien, und zwar durch eine »Reise nach innen«, durch Intervention in den europäischen bzw. westlichen Diskurs. Das dritte Thema schließlich ist ein Abrücken vom separatistischen Nationalismus hin zu einer ganzheitlicheren Sicht auf menschliche Kollektivität und Befreiung (ebd., 294 f.). Und Said zufolge hat es der befreiende, der »liberationistische Anti-Imperialismus« (ebd., 369) tatsächlich vermocht, die enge Verbindung zwischen Kultur und Imperialismus, die das europäische Denken für Jahrhunderte entscheidend prägte, infrage zu stellen: erstens durch eine integrative, kontrapunktische Geschichtsauffassung, die westliche und nichtwestliche Erfahrungen als durch den Imperialismus miteinander verbunden ansieht, zweitens durch imaginative, utopische Emanzipationsvisionen und drittens durch den Einsatz für eine nomadische, migratorische, anti-narrative Energie anstatt für neue Autoritäten und Doktrinen oder auch für etablierte Institutionen und Anliegen (ebd., 369).

Die Provinzialisierung Europas

Said hat in seinen Analysen des Orientalismus und der kulturellen Komponenten des Imperialismus sowohl den westlichen Diskurs vom Rest der Welt kritisiert als auch widerständige Gegendiskurse aus diesem »Rest« beleuchtet – und dabei nicht zuletzt Positionen in besonderem Maße hervorgehoben, die grundsätzliche Alternativen zum dichotomen West-Rest-Denken darstellen, da sie neben den Inhalten die Statik dieser Unterscheidung infrage stellen und unterlaufen. Diese Arbeiten sind inzwischen auf unterschiedliche Weisen ergänzt worden. Weitergetrieben wurde dabei nicht zuletzt die Problematisierung des Rückgriffs auf westliche Epistemologien und Wissensformen zur Beschreibung nichtwestlicher Konstellationen, für die in besonderem Maße der indische Historiker Dipesh Chakrabarty steht.

Chakrabarty hat sich mit dem Diktum der »Provinzialisierung Europas« einen Namen gemacht (Chakrabarty 2000; 2010). Unter der Provinzialisierung Europas bzw. Westeuropas, wie es seiner Ansicht nach präziser heißen müsste (Chakrabarty 2010, 10), versteht Chakrabarty den Versuch, das westliche Denken zu dezentrieren, mit anderen Worten: die homogenisierenden Effekte des auf europäischen Erfahrungen gründenden und damit eurozentrisch fundierten universalen Anspruchs des westlichen Denkens aufzuzeigen und zu problematisieren. Horizont dieses Akts der »Provinzialisierung« sind die Geschichtswissenschaften im globalen Süden, die dadurch charakterisiert seien, dass Europa in ihnen als stillschweigender Maßstab fungiert. Dass Chakrabarty mit Blick auf diese akademischen Unternehmungen das westliche Denken nicht schlicht ablehnt, liegt an einem Umstand, den er als »postkoloniales Dilemma« bezeichnet: »die Gedankenwelt, die während des Zeitalters der europäischen Expansion und Kolonialherrschaft entstand, erscheint zur Beschreibung und Analyse der eigenen (nichtwestlichen) Geschichte und Gesellschaft ebenso unverzichtbar wie ungenügend« – wobei die Unverzichtbarkeit des europäischen Denken in erster Linie auf den ihm eigenen Freiheits- und Gerechtigkeitsvisionen fuße (ebd., 11 f.).

Ähnlich wie Said spricht sich Chakrabarty gegen jede Form des Kulturrelativismus und insbesondere gegen Nationalismus, Nativismus und Atavismus aus (ebd., 62). Entsprechend geht es bei der Provinzialisierung Europas auch nicht darum, eine gänzlich alternative, indigene Geschichtsschreibung zu etablieren, sondern vielmehr darum, »in die Geschichte der Moderne die Ambivalenzen, die Widersprüche, die Gewaltanwendung und die Tragödien und Ironien einzuschreiben, die sie begleiten« (ebd., 63). Damit vertritt Chakrabarty ein ähnliches Programm wie jenes, das Said mit der Idee der »Reise nach innen« vorschlägt: In beiden Fällen geht es darum, westliche Selbstbeschreibungen zu ergänzen und sie damit, den weitreichenden Implikationen dieser Ergänzungen geschuldet, hinsichtlich ihrer Form und ihres Inhalts infrage zu stellen. Said wendet sich dabei vor allem gegen dichotome West-Rest-Unterscheidungen, also gegen Perspektiven, die westliche Entwicklungen von den Zuständen im Rest der Welt kategorisch abgrenzen; Chakrabartys Analyse hingegen richtet sich gegen die Effekte universalen Denkens.

Seiner Auffassung nach besteht das zentrale Problem der westlichen Geschichtsschreibung nämlich darin, dass sie europäische Vorstellungen von Entwicklung, Modernisierung oder auch Kapitalismus zugrunde legt und auf diese Weise die europäische Geschichte zum globalen Maßstab erklärt. Die außereuropäische Geschichte, insbesondere jene im globalen Süden, stelle sich gemessen an diesem Maßstab dann im besten Falle als Übergangsstadium mit bekanntem Ausgang dar. Einem solchen Szenario gegenüber plädiert Chakrabarty dafür, »das Moderne als ein Feld von Auseinandersetzungen zu begreifen« (ebd., 65). Das könnte beispielsweise dadurch geschehen, dass mit Blick auf die politische Konstellation Indiens seit dem 19. Jahrhundert nicht schlicht die Geschichte der (defizitären) Herausbildung einer modernen Form der Staatsbürgerschaft erzählt wird, wie es für die nicht provinzialisierte Historiografie typisch sei, sondern dass stattdessen die komplexen Aneignungs- und Abwehrprozesse nachgezeichnet werden, die durch die Einführung europäischer Vorstellungen von Staatlichkeit, Privatheit und Zivilgesellschaft durch die britischen Kolonialherren in der indischen Gesellschaft ausgelöst wurden; dabei könnten dann auch Narrative von Kollektivität berücksichtigt werden, die jenseits moderner Staatsbürgerschaft auf der einen Seite und dem »Alptraum der durch die ›Moderne‹ geschaffenen ›Tradition‹« auf der anderen Seite definiert sind (ebd., 65). Beispiele für einen derart alternativen Zugriff auf Geschichte liefert Chakrabarty selbst, etwa wenn er die Frage thematisiert, »wie und im Rahmen welcher Begrifflichkeiten die subalternen Klassen beim Schreiben subalterner Geschichten als politische Akteure gesehen werden« und dabei insbesondere das politische Handeln der Bauern im Zuge der indischen Nationalbewegung im Blick hat (ebd., 91).[20]

Chakrabarty zufolge sind der moderne westliche Akteursbegriff und mit ihm assoziierte Konzepte sozialen und politischen Handelns, die auch unter den marxistisch und linksliberal geprägten Historikern Indiens verbreitet seien, grundsätzlich säkular. Der Verweis auf eine tief in der indischen Tradition verwurzelte Einheit von Religion und Politik, der eine konzeptuelle Alternative sein könnte, werde jedoch von hindunationalistischen Kräften instrumentalisiert, um ihre rechten Ideologien und ihre gewaltförmigen Praktiken zu rechtfertigen. Chakrabartys Darstellung nach ist die erste, säkulare, dieser beiden Optionen zum Verständnis der indischen Geschichte unangemessen, die zweite, nationalistische, politisch inakzeptabel. Unangemessen ist die europäischen Denkmustern verhaftete Historiografie seiner Ansicht nach, weil sie, gefangen in einer starken Spaltung zwischen Glauben und Vernunft, die selbst Teil der Geschichte des Kolonialismus in Indien sei, die Möglichkeit verkenne, »dass auch religiöse Überzeugungen eine politische Struktur oder ein politisches Vokabular benutzen könnten, um bestimmte Zwecke oder eine vorgestellte Lebensweise zu erreichen, in der sich das Politische gar nicht mehr vom Religiösen unterscheiden lässt« (ebd., 93). Bezogen auf die Lebenspraxis der subalternen Klassen könnte sich dies etwa in der alten buddhistischen Vorstellung manifestieren, im »elenden und benachteiligten *bhikshuk* (Bettler) [...] die Möglichkeit eines freudig verzichtenden *bhikshu* (Mönch)« zu sehen; als aktuellere Variante nennt Chakrabarty den »*Idealtypus* desjenigen, der davon ausgeht, dass die staatlichen Herrschaftsinstrumente immer jemand anderem gehören werden, und der selbst keinen Anspruch auf diese Instrumente erhebt, sondern vielmehr aktiv und glücklich ohne sie überlebt« (ebd., 109).

Aus einer marxistischen oder linksliberalen Perspektive muten derartige postnationale Vorschläge im besten Falle als Quietismus an.[21] Doch auch im Kontext der postkolonialen Studien sind sie alles andere als unumstritten. Gayatri Chakravorty Spivak beispielsweise kritisiert postnationale Perspektiven, die den Nationalstaat von allen Ansprüchen entlasten, scharf. Und auch in ihrem praktischen Engagement schlägt sich ihre Haltung zu diesen Fragen nieder. In den letzten Jahren hat sie in Indien ein Projekt zur Aus- und Fortbildung von Lehrerinnen und Lehrern aufgebaut, um dazu beizutragen, dass Kindern in ländlichen Regionen ein Bewusstsein für ihre staatsbürgerlichen Rechte vermittelt und so die Möglichkeit gegeben wird, dass sie demokratische Reflexe entwickeln können – ausgehend von der Diagnose, dass in Postkolonien, in denen das Volk die Regeln der Demokratie nicht beherrscht, keine Möglichkeit besteht, die Macht der Eliten über Planung und Entwicklung zu beschränken (Spivak 2008; 2009). Chakrabarty hingegen scheint es bei seinem Plädoyer für eine Provinzialisierung Europas weniger um das Funktionieren substanziell demokratischer Strukturen in der Gegenwart zu gehen als um den Versuch, zunächst einmal entkoppelt von realpolitischen Erwägungen Denkmöglichkeiten aufzuzeigen, die jenseits der etablierten Traditionen des Westens liegen. Sich den Subalternen zuzuwenden bedeutet für ihn, »sich von den Gewissheiten zu entfernen, die der Geste zugrunde liegen, laut der das wissende, urteilende, wollende Subjekt bereits vor jeder Untersuchung schon weiß, was für jeden gut ist« (Chakrabarty 2010, 109). Sein erklärtes politisches Ziel ist dabei nicht, wie im Falle Spivaks, der Versuch einer demokratischen Aneignung existierender postkolonialer politischer Strukturen, sondern eher der Versuch, positiv an das Erbe des politisch-religiösen Denkens in Indien anzuschließen und zu verhindern, dass dieses Erbe vollständig von extremistischen hindunationalistischen Kräften angeeignet wird (ebd., 111).

Verflochtene Geschichten, verwobene Moderne

Dass Europa im Zuge des Kolonialismus außerhalb seiner geografischen Grenzen beträchtliche kulturelle, politische, ökonomische und soziale Spuren hinterlassen hat, ist im Umfeld der postkolonialen Studien Grundkonsens. Dort wird jedoch zudem nachvollzogen, wie sich der Kolonialismus auch in Europa selbst niederschlug. Der britische Kulturwissenschaftler und Soziologe Paul Gilroy beispielsweise hat herausgearbeitet, inwiefern »rassische« Differenzierungen für die Herausbildung der englischen nationalen Identität zentral waren – einer Identität, die gleichwohl darauf basierte, die eigenen Ursprünge als autonom und rein von »externen« Einflüssen zu repräsentieren und die damit ihre koloniale Prägung negierte (Gilroy 1993). Ebenfalls verflechtungstheoretisch argumentiert der in Neapel lehrende Kulturwissenschaftler Iain Chambers mit Blick auf den Mittelmeerraum und dort insbesondere auf die vielfältigen Interaktionen zwischen dessen Norden und Süden sowie zwischen Orient und Okzident. Das Mittelmeer ist für ihn zugleich Transitzone und Ort eines über Jahrtausende gewachsenen Netzwerks; ein »postkoloniales Meer«, gesäumt von kulturell porösen Städten (Chambers 2008).

Die sowohl bei Gilroy als auch bei Chambers zugrunde liegende Einsicht, dass »innereuropäische« Entwicklungen oftmals nur unter Einbezug der kolonialen und imperialen Interaktionen Europas mit dem Rest der Welt angemessen nachvollzogen und verstanden werden können, hat auch eine Debatte über den Begriff und die Bedeutung der Moderne ausgelöst. Diese Debatte kann als Weiterführung und Radikalisierung der von Said und Chakrabarty vorgeschlagenen Kritik oder Provinzialisierung Europas und des westlichen Selbstverständnisses verstanden werden: nämlich insofern, als hier die Vorstellung und westliche Standardbeschreibung, die Herausbildung der Moderne sei eine autonome europäische Entwicklung gewesen, dezidiert hinterfragt wird. Da es sich bei dem Begriff der Moderne um ein Schlüsselkonzept der Sozialwissenschaften, insbesondere der Soziologie handelt, ist es nicht weiter erstaunlich, dass maßgebliche Beiträge zu dieser Debatte von soziologisch arbeitenden Wissenschaftler/innen verfasst wurden.

Unter diesen ist zunächst Shalini Randeria zu nennen, die ihre im deutschen Sprachraum mittlerweile äußerst prominenten Überlegungen über »Geteilte Geschichte und verwobene Moderne« erstmals in einem kurzen Aufsatz aus dem Jahre 1999 veröffentlicht hat. Randeria wendet sich in diesem Text zum einen gegen Modelle kultureller Räume als homogener und abgeschlossener Einheiten, zum anderen gegen die modernisierungstheoretisch geprägte Auffassung, nichtwestliche Gesellschaften repräsentierten die Vergangenheit der westlichen Moderne und der Westen bilde den Entwicklungshorizont »traditionaler« Gesellschaften. In Anlehnung an die historisierenden und prozessualisierenden Reformulierungen des Kulturbegriffs, die während der 1990er Jahre in der Ethnologie unternommen wurden, schlägt Randeria stattdessen eine Sichtweise vor, die sowohl von einer geteilten Geschichte als auch von einer gemeinsamen Gegenwart unterschiedlicher Gesellschaften ausgeht – und dabei Relationalität und verflochtene Entwicklungsmuster unterstellt. Vorteilhaft ist ein solcher Blick auf Globalität Randeria zufolge in zwei Hinsichten. Erstens normativ, nämlich insofern er die Reproduktion zentraler Eurozentrismusprobleme des westlichen, insbesondere des modernisierungstheoretischen Denkens zu vermeiden hilft. Zweitens empirisch: denn mit seiner Hilfe lasse sich zum einen aufzeigen, dass jüngere Entwicklungen in Europa, etwa die Expansion der Schattenwirtschaft, die zunehmende Macht transnationaler Unternehmen, der Autonomieverlust der Nationalstaaten, der Abbau der Gesundheits- und Bildungssysteme, Armut und Arbeitslosigkeit, ethnische Gewalt und wachsende sozioökonomische Ungleichheit, in vielen Ländern des globalen Südens seit Jahrzehnten den Alltag bestimmen und dass in diesem Sinne »die sogenannte ›dritte Welt‹ heute ein Bild der Zukunft Europas widerspiegelt« (Randeria 1999, 91). Zum anderen ermögliche es eine relationale Perspektive, »sowohl die wechselseitig konstitutive Natur von ›Tradition‹ und ›Moderne‹ als auch verschiedene Auffassungen von Moderne konzeptionell zu fassen« (ebd., 92). Damit werde der Fokus der Betrachtung transnationaler Interaktionen auf die Effekte komplexer Übertragungs-, Verhandlungs- und Aneignungsprozesse ganz unterschiedlicher Akteursgruppen gerichtet (ebd.). Der Imperialismus werde dadurch hinsichtlich seiner Bedeutung für die globale Entwicklung erfassbar – und zwar als »gemeinsamer Rahmen der wechselseitigen Konstitution von Metropole und Kolonien« (Conrad/Randeria 2002a, 10).

Ähnliche Überlegungen wie Randeria hat die britische Soziologin Gurminder Bhambra angestellt. Bhambra zielt dabei in erster Linie auf eine Revision des Modernebegriffs in der akademischen Soziologie ab. Zu diesem Zweck bezieht sie sich auf den von Sanjay Subrahmanyam geprägten Begriff der *connected his-*

tories, der verbundenen Geschichten, und plädiert dafür, unterschiedliche Gesellschaften mit Blick auf die Austauschbeziehungen und Wechselwirkungen zu untersuchen, die sich zwischen ihnen feststellen lassen. Nicht zuletzt sollten die Industrialisierungs- und Modernisierungsprozesse, die sich ab dem 18. Jahrhundert in Europa vollzogen haben, nicht länger als endogene Entwicklungen betrachtet werden, sondern als Entwicklungen, die ohne Imperialismus, Kolonialismus und Sklaverei nicht möglich gewesen wären. Ein solcher Blick auf die europäische Geschichte hat Bhambra zufolge erhebliche Konsequenzen für das soziologische Denken: die gängigen modernisierungstheoretischen Konzepte würden dadurch nämlich eindeutig infrage gestellt (Bhambra 2007).

Sowohl Randeria als auch Bhambra präsentieren ihre konzeptuellen Vorschläge eindeutig als Alternativen zu Modellen von *multiple modernities*, multiplen Formen der Moderne (vgl. Eisenstadt 2000). Letztere basieren zwar auf der Überzeugung, dass sich auch außerhalb Europas komplexe Formen von Gesellschaftlichkeit herausgebildet haben, und überwinden damit in gewissem Sinne eurozentrisches Denken. Doch statt interdependente Entwicklungen und globale Verflechtungen vorauszusetzen, gehen sie eher von alternativen, damit aber auch getrennten Entwicklungen aus. Damit reproduzieren sie letztlich doch die Vorstellung von der Existenz kulturell mehr oder weniger abgeschlossener Räume – denn den Zivilisationen, die hier in den Blick geraten, wird jeweils eine weitgehend autonome, oftmals an eine spezifische religiöse Tradition gekoppelte Entwicklung zugeschrieben (vgl. auch Conrad/Randeria 2002a, 16 f.). Zudem ist das Modernekonzept, das hier zugrunde gelegt wird, an europäischen Erfahrungen bzw. Selbstbeschreibungen modelliert – und damit zumindest in methodologischer Hinsicht doch nicht frei von Eurozentrismus (Bhambra 2007, 65-75).

Die Skepsis gegenüber verflechtungsblinden, man könnte auch sagen: ethnopluralistischen Sichtweisen, die Randeria und Bhambra eint, erstreckt sich auch auf jene Formen der Aufwertung unterworfenen Wissens, die sich in erster Linie auf die Umkehr kolonialer Hierarchisierungen richten. Beide Autorinnen bezweifeln die transformative Kraft derartiger wissenspolitischer Praktiken – da sie jenen dichotomen Denkmustern, denen sie entgegenwirken wollen, letztlich verhaftet blieben (Randeria 1999, 89f.; Bhambra 2007, 24-30). An diesem Punkt unterscheiden sich Randeria und Bhambra dann auch von Chakrabarty. Denn Chakrabarty spricht der Rehabilitierung nichtwestlicher Traditionen zunächst einmal einen Eigenwert zu – und sieht Grund zur Sorge nur dann, wenn sich rechte Gruppierungen an diesem Projekt beteiligen.[22]

Okzidentalismuskritik

Edward Said hat in seinen kritischen Analysen des Orientalismus den Blick auf die Konstruktion (eines Teils) des Rests der Welt durch den Westen gerichtet. Chakrabarty, Randeria und Bhambra setzen sich – auf je unterschiedliche Weise – mit der Struktur historischer und aktueller West-Rest-Diskurse auseinander und suchen nach Alternativen zum überkommenen dichotomisierenden und hierarchisierenden Denken. Mit der »Okzidentalismuskritik« hat sich nun zusätzlich eine Forschungsperspektive herausgebildet, die explizit das Selbstverständnis des Westens hinterfragt.

Geprägt hat den Begriff die Berliner Kulturwissenschaftlerin Gabriele Dietze, die dabei an Arbeiten lateinamerikanischer postkolonialer Theoretiker anknüpft, vor allem an einschlägige Schriften von Fernando Coronil und Walter Mignolo. Coronil hat sich mit Fragen des Okzidentalismus bereits in der ersten Hälfte der 1990er Jahre beschäftigt. Okzidentalismus ist für ihn ein Repräsentationsstil, »der polarisierte und hierarchische Konzeptionen vom Westen und seinen Anderen hervorbringt und sie zu zentralen Figuren in Darstellungen globaler und lokaler Geschichten macht« (Coronil 2002, 186). Coronil zufolge ist der Okzidentalismus nicht die Kehrseite des Orientalismus, sondern vielmehr die Bedingung seiner Möglichkeit – denn es handele sich hier um jene Konzeptionen des Westens, die den orientalistischen Repräsentationen zugrunde liegen, da sie nämlich die Welt in abgegrenzte Einheiten unterteilen, deren relationale Geschichten ausblenden, die erzeugte Unterteilung hierarchisieren und naturalisieren und damit bestehende asymmetrische Machtbeziehungen reproduzieren (ebd., 184 ff.). Der Okzidentalismus ist damit eher durch seine diskursive Struktur bestimmt als durch seine Inhalte, was Coronils Überlegungen in die Nähe jener von Randeria und Bhambra rückt. Er diagnostiziert okzidentalistische Repräsentationsmodi allerdings nicht nur in orientalistischen, sondern durchaus auch in imperialismuskritischen Texten, vor allem aus dem Kontext der häufig ethnopluralistisch argumentierenden Anthropologie bzw. – wie sie im deutschen Sprachraum meist genannt wird – Ethnologie.[23] Ziel seiner Analyse ist ein »Freiraum für eine dezentrierte Poetik, die uns dabei helfen kann, geohistorische Kategorien für eine nichtimperiale Welt zu imaginieren« (ebd., 178), sowie eine »dezentrierte transkulturelle Anthropologie« (ebd., 209). Ansatzpunkte dafür findet er in Edward Saids Plädoyer für kontrapunktische Interpretationen und in einer Historisierung – statt Essentialisierung – kultureller Differenzen, die sich dann auch auf die Historisierung des Raums und damit territorialer Grenzlinien erstrecken könnte.

Während Coronil also mit dem Begriff des Okzidentalismus ein Forschungsprogramm umreißt, das Konzepte verflochtener

Geschichten für die Anthropologie stark macht, verwendet der Romanist Walter Mignolo, der wie einst Coronil in den USA lehrt, den Begriff des Post-Okzidentalismus, um über die Postkolonialität der Amerikas zu sprechen, die von der Spanischen Krone einstmals *Indias Occidentales* genannt wurden; dass hier ein neuer, eigener Begriff sinnvoll sei, begründet er damit, dass die postkolonialen Studien von Arbeiten dominiert würden, die das Britische Empire mit seinen ehemaligen Kolonien in Australien, Neuseeland und Indien fokussieren (Mignolo 2000, 91).

Dietze selbst hat ihr Programm der Okzidentalismuskritik im Rahmen ihrer Auseinandersetzung mit dem wissenspolitischen Projekt der *Critical Whiteness Studies* entwickelt.[24] Diese in den USA entstandene Forschungsperspektive intendiert eine kritische Auseinandersetzung – in Dietzes Worten eine »Hegemonie(selbst)kritik« (Dietze 2006, 220) – mit jener Kategorie und gesellschaftlichen Position, der im Zusammenhang rassistischer Konstellationen der dominante Status zukommt – ähnlich der kritischen Männlichkeitsforschung im Kontext der *Gender Studies*. Dietzes Anlass für die Entwicklung des Programms der Okzidentalismuskritik war ein gewisser Zweifel hinsichtlich der Erklärungskraft des Begriffs des Weißseins als »zentraler Produktivkraft neuer europäisch/deutscher Rassismen« (ebd., 221). Okzidentalismus meint entsprechend »›Abendländischkeit‹ analog zu Weißsein [...], wobei die Bezugsgröße eher koloniale Hegemonie und Postkolonialität als Weiße Suprematie ist« (ebd.). In einer jüngeren Publikation hat Dietze Okzidentalismuskritik als »systematische Aufmerksamkeit gegenüber identitätsstiftenden Neo-Rassismen, die sich über eine Rhetorik der ›Emanzipation‹ und Aufklärung definieren«, beschrieben (Dietze 2009, 24). Als aktuelle Variante des Okzidentalismus beschreibt sie eine »neue Orient/Okzident-Binarität« und die Orientalisierung von Migrant/innen aus der Türkei und dem arabischen Raum (ebd., 27).

Was Dietzes Analyserahmen von vergleichbaren Ansätzen unterscheidet, ist neben der dezidierten Entscheidung für das Projekt der »hegemonialen Selbstreflexion« (Dietze 2006) dessen Einbettung in Erkenntnisse der Geschlechterforschung, genauer gesagt der Umstand, dass hier die Kategorie Geschlecht explizit mitgedacht wird. Dies führt zur zentralen Diagnose, dass der gegenwärtig zu beobachtende antimuslimische Rassismus »westliche Emanzipation zum Kampfbegriff gegen die Unfreiheit muslimischer Frauen unter einem ›orientalischen Patriarchat‹ in Stellung bringt« (Dietze 2009, 28). Die Figur der »Kopftuchfrau« wirke auf diese Weise als »verkörpertes Emanzipationsdefizit« (ebd., 35).

Diese Form des *Othering* von Sexismus, die, wie wir ja nicht zuletzt von Frantz Fanon wissen, auch schon in kolonialen Kontexten verbreitet war, funktioniert Dietze zufolge zumindest zum Teil aufgrund der »okzidentalistischen Dividende«, die für okzidentale Frauen dabei herausspringe: Diese nämlich könnten sich dadurch den »orientalischen« Frauen gegenüber als frei und damit als überlegen imaginieren (ebd., 35). Damit wiederum könnten sie die auch im Westen bestehenden eklatanten Geschlechtergerechtigkeitsdefizite imaginär minimieren. Laut Dietze ermöglicht diese Konstellation einen »okzidentalistischen Geschlechterpakt«, der sowohl den Okzidentalismus selbst als auch die ihm impliziten Geschlechterverhältnisse stabilisiert. Sie schreibt:

> »In der Ablehnung und Stigmatisierung der unterdrückten ›Orientalin‹ wird plötzlich die Berechtigung und Notwendigkeit einer ›Emanzipation‹ erkannt, die zuvor für die immer noch androzentrisch-patriachale Grundstruktur auch okzidentaler Gesellschaften als unnötig und/oder überflüssig angesehen wurde – als ›Gedöns‹, um das Diktum des früheren Bundeskanzlers Schröder zu benutzen. Bei diesem Prozess wird allerdings der zweite Schritt vor dem ersten gemacht, ohne materielle Grundlage, allein aufgrund der männlichen ›Anerkennung‹ der Richtigkeit einer Eman-

zipation. Die okzidentale Frau wird damit sozusagen performativ als bereits emanzipiert inszeniert. Die so privilegierte ›Emanzipationsdarstellerin‹ verzichtet im Gegenzug auf nervende Gerechtigkeits- und Gleichheitskämpfe.« (Ebd., 36)

Wie schon die Darstellung unterschiedlicher Thematisierungen kolonialer Hinterlassenschaften im dritten Kapitel verdeutlichen die in diesem Kapitel skizzierten Analysen und Kritiken, die sich auf westliche Darstellungen des Orients sowie auf westliche Selbstbeschreibungen bezogen haben, dass das Anwendungsfeld postkolonialer Theorien global ist. Auch im nun folgenden Kapitel stehen Aspekte globaler Differenzkonstruktionen im Mittelpunkt. Ging es bislang vornehmlich um die Opposition von Orient und Okzident, soll es nun in erster Linie um kritische Analysen unterschiedlicher Ausprägungen von Nord-Süd-Differenzierungen gehen, von euroatlantischen Ideen und Imaginationen Afrikas, Lateinamerikas und Asiens, von Repräsentationen der »Dritten Welt« sowie, abschließend, um postkoloniale Entwicklungspolitikkritik.

5. *The West and the Rest* II: Imaginationen des globalen Südens

Wie wir schon von Stuart Hall wissen, war der West-Rest-Diskurs nie auf die Dichotomisierung zwischen aufgeklärtem Okzident und traditionsverhaftetem Orient beschränkt. Neben dieser Unterscheidung schuf er kategoriale Differenzierungen zwischen einem fortschrittlichen Norden und einem unterentwickelten Süden der Welt; und konstruierte auf diese Weise neben dem Orient Afrika, Lateinamerika und Asien.

Mit der Erfindung bzw. der Idee Afrikas hat sich besonders eingehend der an der Duke University lehrende Literaturwissenschaftler Valentin Mudimbe beschäftigt. In den vorangegangenen Kapiteln wurde bereits erwähnt, dass sich der europäische Kolonialismus in Afrika stark über rassistische Denkweisen legitimierte, die zudem die Organisation maßgeblicher kolonialer Praktiken und Organisationsmuster unterstützten. Insbesondere Mudimbes Buch über die Idee Afrikas (Mudimbe 1994) verdeutlicht nun die weiten Verzweigungen und die damit fast notwendig einhergehende Heterogenität, die den Afrikadiskurs durch seine Geschichte hinweg geprägt haben. Mudimbe verhandelt in dem Buch Texte von sogenannten Entdeckungsreisenden sowie des Klerus aus der Frühphase des europäischen Kolonialismus, jedoch auch den Afrikadiskurs der Antike und dessen Rezeption im europäischen und im afrodiasporischen Denken. Außerdem weist er der christlichen Mission einen wichtigen Stellenwert für die Herausbildung hegemonialer Ideen über Afrika zu. Schließlich gehen afrikanische Kunst, Literatur und Philosophie in seine Darstellung ein. Bereits in einem früheren Buch über die Erfindung Afrikas (Mudimbe 1988) hatte sich Mudimbe deutlich gegen »epistemologischen Ethnozentrismus« ausgesprochen: gegen die Annahme, dass es wissenschaftlich gesehen nichts gebe, was von »anderen« zu lernen sei, es sei denn, es ist längst »unseres« oder stammt von »uns« (ebd., 15). Im Sinne dieser Kritik plädiert Mudimbe in seiner Studie über die Idee Afrikas für eine Rezeption der afrikanischen Literatur, die davon absieht, ihren Gegenstand vornehmlich als indigenisierte Imitation, als Reproduktion westlicher Genres zu beschreiben (Mudimbe 1994, 177). Ebenso kritisch ist er jedoch gegenüber der Suche nach kulturell originären, reinen, und damit überzeitlichen afrikanischen Traditionen eingestellt. Stattdessen gehe es darum, afrikanische Literatur und Denkmuster in ihrer jeweiligen Komplexität und mit Blick auf historische und intellektuelle Brüche und Neuformationen zu verstehen – ein Unterfangen, das zwar nicht unbedingt weit verbreitet sei, dem jedoch prinzipiell nichts entgegenstehe (ebd., 206 f.).

Lateinamerika und die Kolonialität der Moderne

In zumindest loser Anlehnung an Mudimbes Schriften ist Walter Mignolos Buch über die Idee Lateinamerikas (Mignolo 2005) entstanden – ein pointierter Text, der zentrale Aspekte der früheren Werke des Autors, besonders der Essaysammlung *Local Histories/Global Designs* (Mignolo 2000), auf kondensierte Weise zusammenfasst. Mignolo, ein direkter Kollege Mudimbes, ist der im Kontext postkolonialer Studien gegenwärtig wohl prominenteste Denker aus Lateinamerika und einer der profiliertesten

Vertreter des Projektes *Modernidad/Colonialidad*. Hierbei handelt es sich um die aufeinander bezogenen Arbeiten einer transdisziplinär zusammengesetzten Gruppe lateinamerikanischer Geistes- und Sozialwissenschaftler/innen, die sich vor allem während der Nullerjahre um ein neues, kritisches Verständnis Lateinamerikas sowie des Stellenwerts der Kolonisierung Lateinamerikas für die Globalgeschichte der Moderne bemüht haben. Unter dem Schlagwort der »Dekolonisierung« haben sie dabei theoriepolitisches und außerakademisches Engagement vielfach verzahnt bzw. verzahnt diskutiert. Grundidee des Projektes war es, Kolonialität als konstitutives Moment der Moderne zu verstehen und dafür zu sorgen, dass dieser Umstand in deren Selbstbeschreibungen nicht weiterhin verschwiegen wird. Kolonialität bezeichnet in den genannten Arbeiten »die Struktur kolonialer Herrschaft, welche die spanische, niederländische, britische und US-amerikanische Kontrolle über die atlantische Ökonomie und Politik und später die Kontrolle und das Management fast des gesamten Planeten« bestimmte und weiterhin bestimme (Mignolo 2005, 7, Übers. IK). Diese Struktur erstrecke sich auf vier verschiedene Gesellschafts- und Erfahrungsbereiche: erstens die Ökonomie, hinsichtlich derer sie durch Landnahme, Ausbeutung und finanzielle Kontrolle gekennzeichnet sei; zweitens die Politik, wo sie sich in Form politischer Kontrolle manifestiere, drittens die Sphäre des Sozialen, wo sie auf die Kontrolle von Geschlecht und Sexualität hinauslaufe, sowie viertens den Bereich des Epistemischen und Persönlichen, in dem sie sich in der Kontrolle von Wissen und Subjektivitäten niederschlage (ebd., 11).

Den Beginn der modernen/kolonialen Welt sowie die Etablierung einer damit korrespondierenden kolonialen Machtmatrix veranschlagen die Vertreter/innen des *Modernidad/Colonialidad*-Projekts im 16. Jahrhundert; ihre ersten Erscheinungsformen sind damit die europäische Renaissance sowie die Entdeckung bzw.

Erfindung Amerikas.[25] Aufklärung und industrielle Revolution, die in der mitteleuropäischen und der angelsächsischen Denktradition gemeinhin als Auftakt der Moderne angesehen werden, erscheinen aus dieser Perspektive als nachgeordnete historische Entwicklungen, die aus einer Transformation der kolonialen Machtmatrix resultierten. Eine zweite derartige Transformation veranschlagt die *Modernidad/Colonialidad*-Gruppe für die Zeit nach dem Zweiten Weltkrieg, als die USA die imperiale Führungsrolle übernahmen, die einstmals von Spanien und dann von England ausgeübt worden war. Dem Kapitalismus schreibt die Gruppe eine konstitutive Rolle für alle drei Phasen von Moderne und Kolonialität zu (ebd., xiii).

Die Etablierung der Idee Lateinamerikas beschreibt Mignolo vor dem Hintergrund der skizzierten konzeptuellen Überlegungen als zweischrittigen Prozess. Der erste Schritt war die Erfindung – und damit eben nicht schlicht die Findung im Sinne einer Entdeckung – Amerikas in den Jahrhunderten nach 1492, der Hochphase des spanischen Kolonialismus. In dieser Phase sei Rassismus konstitutiv für die europäische Idee Amerikas gewesen: Zur Rechtfertigung der kolonialen Eroberung und Herrschaft wurde der amerikanischen Urbevölkerung ein kategorial inferiorer Status zugesprochen. Damit einher ging die »Kolonisierung des Wissens« (ebd., 21) – die spanischen Kolonisatoren etablierten ihre eigene Weltsicht als hegemonial. Auch die Benennung des »neuen« Kontinents als »Amerika« war Teil der epistemischen Komponente der Kolonisierung. Wie schon Mudimbe mit Bezug auf Afrika attestiert auch Mignolo der christlichen – in diesem Falle der katholischen – Kirche eine bedeutende Rolle in diesem Prozess diskursiver Machtaneignung und -ausübung: Amerika wurde als viertes Glied in das bislang dreigeteilte, nämlich Asien, Afrika und Europa umfassende christliche Weltbild integriert, wodurch Europa zum geografischen und epistemischen Zentrum der westlichen Welt erklärt werden konnte (ebd., 23-37).

Der zweite Schritt der Etablierung der Idee Lateinamerikas erfolgte Mignolo zufolge ab der zweiten Hälfte des 19. Jahrhunderts, als die kreolischen, d.h. spanischstämmigen Eliten der mittlerweile unabhängigen süd- und mittelamerikanischen Staaten auf Vorstellungen der »Latinität« zurückgriffen, um eine eigenständige postkoloniale Identität zu etablieren (ebd., 59). Politisch war diese Identität an Westeuropa orientiert, neben Spanien vor allem an Frankreich. Wichtige Referenzautoren waren entsprechend Rousseau, Voltaire und vor allem Montesquieu (ebd., 59, 66). Indigene und afrokreolische Vorstellungen des Politischen wurden hingegen nicht berücksichtigt. Mignolo zufolge wurden damit überkommene Muster der Kolonisierung des Wissens aktualisiert. Konzepte der Latinität trugen dazu bei, interne koloniale Differenzziehungen unter dem Deckmantel einer inklusiven historischen und kulturellen Identität zu verstecken; tatsächlich hätten diese Konzepte für die Nachfahren der Urbevölkerung sowie für Personen afrikanischer Herkunft in Lateinamerika eine neue Form der Unsichtbarkeit produziert (ebd., 89). Und noch in aktuellen Varianten hegemonialer Rekurse auf Lateinamerika, insbesondere jenen durch Institutionen wie CIA und Weltbank oder durch Autoren wie Samuel Huntington, würden derartige diskursive Ausschlüsse reproduziert, kritische Stimmen aus der Region nicht weiter beachtet (ebd., 96-101, 128-135).

Mignolo analysiert die Idee, jedoch auch die Gegenwart Lateinamerikas bewusst vor dem Hintergrund der Kolonialgeschichte. Er akzentuiert Kontinuitäten der Kolonialität und ist eher an den Gemeinsamkeiten, an den globalen Mustern als an den Unterschieden verschiedener Phasen und Ausprägungen des Kolonialismus interessiert – »ob er von Spanien ausging (vor allem im 16. und 17. Jahrhundert), von England (vor allem vom 19.

Jahrhundert bis zum Zweiten Weltkrieg) oder von den USA (vom frühen 20. Jahrhundert bis heute) – aufrechterhalten wurde dieselbe Logik, auch wenn die Macht jeweils in anderen Händen lag«, erklärt er (ebd., 7, Übers. IK). Damit wählt Mignolo einen deutlich anderen methodologischen Zugriff für eine kritische Auseinandersetzung mit dem Kolonialismus und seinen Effekten als etwa Stoler und Cooper, die ihrerseits die komplexen Aushandlungsprozesse und Ambivalenzen kolonialer Machtverhältnisse auf der Mikroebene nachzuvollziehen bemüht sind und die Reproduktion kolonialer Dichotomisierungen dabei so weit wie möglich zu vermeiden suchen; und gemessen an deren Maßstab die Ausführungen Mignolos daher wenig zielführend erscheinen mögen.

Für Mignolo ist das Nachzeichnen und damit Aufzeigen global wirkender kolonialer Differenzlogiken jedoch lediglich der erste Schritt in einem kritischen Projekt, das er als »dekolonial« bezeichnet. Dabei geht es ihm darum, diskursive Formen der Kolonialität aufzubrechen. Dies soll dadurch geschehen, dass eurozentrische und modernistische Perspektiven, die er als nach wie vor hegemoniale Denkmuster ausweist, durch kritische Betrachtungsweisen infrage gestellt werden, welche die »koloniale Wunde«, die vielfältigen verletzenden und zerstörerischen Effekte des Kolonialismus, ernst nehmen und von diesem Punkt aus eine andere, und zwar eine vielfältige Welt imaginieren (ebd., 156). Ansätze für ein solches alternatives Denken macht Mignolo vor allem bei Theoretiker/innen und sozialen Bewegungen aus, die in jenen Bevölkerungsgruppen verankert sind, denen in der Logik der Kolonialität der Status des vollständigen Menschseins verwehrt bleibt. Damit affirmiert er keinesfalls jede Form des Antikolonialismus, auch wenn man ihm vorhalten kann, dass er die Problematiken der auf Einheit statt auf interne Vielfalt gründenden nationalistischen Formen des Antikolonialismus, deren

Kritik in den Arbeiten anderer postkolonialer Denker/innen eine bedeutende Rolle einnimmt, schlicht außen vor lässt. Mignolo konzentriert sich darauf, Ansätze herauszuheben, die in seinen Augen grundsätzlich positiv sind: und zwar Ansätze des *border thinking*, des Grenzdenkens. Ein solches Denken, das er in besonderer Weise in den feministischen Texten von Gloria Anzaldúa ausgearbeitet sieht, deren mehrsprachiges, genreübergreifendes und regional auf den texanisch-mexikanischen Grenzraum bezogenes Buch *Borderlands/La Frontera* (Anzaldúa 1987) bereits in den 1990er Jahren vielfach rezipiert wurde, beschreibt er als unvermeidbare Konsequenz der modernen/kolonialen Expansion – denn den Kolonisierten sei nie etwas anderes übrig geblieben, als ihre koloniale Lebenssituation zu reflektieren und sich kritisch mit den Denkmustern der Kolonisatoren auseinanderzusetzen (ebd., 9 f.).

Als zentrale politische Elemente des Grenzdenkens weist Mignolo vor allem zwei Aspekte aus. Erstens betont er die Bedeutung der Wiederaneignung und dabei gegebenenfalls der Umdeutung von Begriffen, um damit der epistemischen Gewalt entgegenzuwirken, die mit der Kolonialität des Wissens einhergeht – in diesem Sinne würdigt er beispielsweise die Arbeiten afroandiner Autoren, die Konzepte der »Herkunft« oder des »Eigenen« gegen eurozentrische Geschichtsmodelle stark machen (ebd., 112 f.). Das zweite Element ist Interkulturalität im Sinne epistemischer Pluralität, die in vielen lateinamerikanischen Staaten die Anerkennung indigener Wissenssysteme impliziert. Umgesetzt findet Mignolo ein solches Modell der Interkulturalität unter anderem in Projekten zweisprachiger Bildung. Auf besondere Weise komme es außerdem im Rahmen der »Interkulturellen Universität der indigenen Völker und Nationalitäten *Amawtay Wasi*« zum Tragen, einer eng mit der indigenen Bewegung verbundenen Hochschule in Ecuador, die in der Lehre spanische und quechuanische Denkmodelle vereint (ebd., 117-128); oder auch im Denken der mexikanischen Befreiungsbewegung der *Zapatistas*, das marxistische Kategorien und eine indigene Kosmologie vereine (Mignolo 2000, 140).

An einer Kritik indigener Wissenssysteme und daraus erwachsender Organisations- und Gesellschaftsmodelle anhand universalistisch formulierter Maßstäbe, beispielsweise Maßstäben der Geschlechtergerechtigkeit oder der Zugangsoffenheit, ist Mignolo nicht interessiert – und würde das Ansinnen einer solchen Kritik vermutlich als Teil des Problems, nämlich als Fortführung der Kolonialität des Wissens zurückweisen. Denn erstens schreibt er der »Diversität von Verständnismöglichkeiten« (ebd., 222, Übers. IK) als Gegenmodell zur vereinheitlichenden kolonialen Moderne einen Eigenwert zu, und zwar erst einmal unabhängig von der Ausgestaltung unterschiedlicher Verständnismöglichkeiten, unabhängig also von der Frage, wie diese Verständnismöglichkeiten jeweils bewertet werden können. Hinzu kommt, dass ihn ein Rekurs auf Grenzdenken und indigene Wissenssysteme im Sinne dessen interessieren, was Michel Foucault in einer Vorlesung aus dem Jahre 1976 als »Aufstand der ›unterworfenen Wissen‹« bezeichnet hat – als Wiederkehr verschütteter historischer Inhalte und vor allem als Wiederauftauchen jenes lokalen »Wissens der Leute«, das einstmals als unzureichend ausgearbeitet abqualifiziert worden war und das nun, im Zuge seines Aufstands, zur Grundlage einer »lokal« verankerten, neuen Form der Gesellschaftskritik werden könne (Foucault 1999, 15 f.; Mignolo 2000, 19 f.). In diesem Sinne sieht Mignolo in der Perspektive jener Menschen, die im Zuge der Etablierung »Lateinamerikas« zum Verstummen gebracht wurden, die Möglichkeit radikalen Wandels (Mignolo 2005, xv). Zweitens ist er skeptisch gegenüber exklusiven Bezugnahmen auf als positiv ausgewiesene Aspekte der europäischen Moderne, beispielsweise Affirmationen wohlbegründeter, abstrakter Gerechtigkeitsprinzipien. Denn seiner Einschätzung nach sind solche positiven Aspekte der europäischen Moderne von ihren negativen Aspekten, ihrer kolonialen Unterseite, nicht zu entkoppeln – weshalb sich auch die Annahme, die Moderne durch umfassende Maßnahmen der Inklusion vollenden zu können, als Illusion erweise (ebd.).[26] Mignolo zufolge ist die Tradition der kolonialen Moderne ungeeignet, die Schäden, die sie selbst nicht zuletzt in Lateinamerika angerichtet hat, wieder zu beheben. Indigenes Wissen und Grenzdenken wiederum mögen zwar keine Garanten dafür sein, eine solche Reparatur ihrerseits meistern zu können; doch sie lieferten immerhin lokale Ansatzpunkte dafür, wo und wie sie beginnen könnte.

Transnationalität und postkolonialer Feminismus

Fragen der Repräsentation und marginalisierte Wissensformen spielen nicht nur im Werk Mignolos eine zentrale Rolle, sondern stehen auch im Mittelpunkt wichtiger Arbeiten von Chandra Talpade Mohanty und von Gayatri Chakravorty Spivak, die beide zu den prominentesten postkolonialen Feministinnen zählen. Sowohl Mohanty als auch Spivak sind in Indien aufgewachsen und lehren seit mehreren Jahrzehnten in den USA – Mohanty in der Frauen- und Geschlechterforschung, Spivak in den Literaturwissenschaften. Wie sich im Folgenden zeigen wird, unterscheiden sich die Perspektiven, die Mohanty und Spivak entwickeln, sowohl voneinander als auch – in sehr unterschiedlichen Hinsichten – von jener Mignolos. Letzteres gründet vermutlich weniger darin, dass beide Autorinnen statt Lateinamerika in besonderem Maße Asien im Blick haben, als darin, dass sie explizit feministisch argumentieren und dass die gesellschafts- und insbesondere die repräsentationskritischen Ausführungen beider Autorinnen dezidiert eine Auseinandersetzung mit Projekten der globalen Geschlechterpolitik einschließen – mit ihren strategischen, kolonialen Varianten, die auch schon Frantz Fanon beschäftigt haben, aber auch mit dem transnational ausgerichteten frauensolidarischen Handeln von Feministinnen im globalen Norden.

Mohanty ist vor allem durch ihren erstmals 1984 erschienenen und seither vielfach nachgedruckten Aufsatz »Under Western Eyes. Feminist Scholarship and Colonial Discourses« bekannt geworden. Zwei Jahrzehnte später hat sie diesen Text einer Relektüre unterzogen und dabei die Stoßrichtung ihrer Argumentation deutlich verschoben – beide Texte, die auf diese Weise eine Einheit ergeben, sind in ihre Aufsatzsammlung *Feminism Without Borders. Decolonizing Theory, Practicing Solidarity* eingegangen (Mohanty 2003; siehe auch, wenngleich gekürzt, 1988). Thema von »Under Western Eyes« ist die diskursive Kolonisierung von Frauen im Süden im Kontext des globalen Feminismus. Was Hall und Said für die androzentrischen Varianten hegemonialer westlicher Denksysteme und der Orientwissenschaften gezeigt haben, nämlich dass sie kolonisierende Effekte zeitigen, macht Mohanty zufolge also keinesfalls vor dem Feminismus halt – und zwar insbesondere nicht vor jenem Zweig des Feminismus, der sich die weltweite Frauensolidarität explizit zur Aufgabe macht. Nach Mohanty manifestiert sich die von ihr identifizierte diskursive Kolonisierung in reduktionistischen und viktimisierenden Repräsentationen von »Dritte-Welt-Frauen« in Texten westlicher, d.h. sich selbst der westlichen Moderne zurechnender Feministinnen. Basis solcher Repräsentationen sei »ethnozentrischer Universalismus«, die flächendeckende Anwendung westlicher Standards bei der empirischen Untersuchung und Interpretation (Mohanty 2003, 40).

Im Falle der Texte, die Mohanty in »Under Western Eyes« analysiert – Titel aus der Zed-Press-Buchreihe *Women in the Third World* aus den späten 1970er und den frühen 1980er Jahren – zeige sich der ethnozentrische Universalismus im Rückgriff auf die Analysekategorie »Frauen« als ahistorischer, homogener sozialer Gruppe; diese Kategorie sei dabei ihrem universalen Geltungsanspruch zum Trotz von spezifischen, nämlich dem Kontext der westlichen Autorinnen entstammenden Vorverständnissen geprägt. Mohanty moniert nun, wie diese Kategorie im Forschungsprozess auf die unterschiedlichsten Kontexte im globalen Süden übertragen werde. Dabei beanstandet sie in besonderem Maße, wie dabei ahistorische Vorannahmen über die Funktionsweisen der Unterdrückung von Frauen als sozialer Gruppe anhand unkritischer empirischer Verfahren und Verallgemeinerungen bestätigt würden (ebd., 21 f.). Auf diese Weise entstehe das bereits erwähnte Bild der »Dritten-Welt-Frau«, die sich von Frauen im Westen durch eine »Dritte-Welt-Differenz« unterscheide, eine Differenz, die sich aus einem unterstellten Entwicklungsabstand zwischen dem Westen und dem globalen Süden ergibt (ebd., 40). So werde ein duales Modell konstruiert von sexuell unterdrückten, armen, ungebildeten, traditionellen, familienorientierten »Dritte-Welt-Frauen« einerseits und deren solidarischen Schwestern aus dem Westen andererseits.

Als Alternative zu diesem Forschungsszenario plädiert Mohanty für lokalspezifische und kontextsensible Studien, die von mehreren Analysekategorien gleichzeitig geleitet sind und die unreflektierte Applikation spezifisch gefasster und gefüllter Begriffe ebenso vermeiden wie vorschnelle Verallgemeinerungen der Ergebnisse. Als positives Beispiel führt sie ein Buch der seit den 1990er Jahren emeritierten und dem sozialistischen Feminismus zugerechneten Kölner Soziologin Maria Mies über Spitzenmacherinnen im indischen Narsapur an (Mies 1982) – ein Buch, auf das sich Mohanty auch in späteren Texten immer wieder affirmativ bezogen hat (Mohanty 2003, 139-168; siehe auch 1998). Die von Mies beschriebenen Spitzenmacherinnen produzieren in Heimarbeit Textilien für den Weltmarkt. Mohanty zufolge weist Mies in ihrer Untersuchung facettenreich nach, auf welche Weise diese spezifische Gruppe von Frauen im Zentrum des Weltmarktes situiert ist – und zwar durch eine Analyse der Struktur der Spitzen-Industrie, der Produktions- und Reproduktionsbedingungen, der geschlechtlichen Arbeitsteilung, von Profit und Ausbeutung sowie der Konsequenzen der Tatsache, dass die Spitzenmacherinnen als »nichtarbeitende Hausfrauen« und ihre Arbeit als »Freizeitbeschäftigung« bezeichnet werden (Mohanty 2003, 31 f.). Was Frausein in Narsapur bedeutet, werde mithin von Mies im Rahmen der spezifischen lokalen Arbeitsbedingungen – inklusive Modi und Ideologien der geschlechtlichen Arbeitsteilung – analysiert. Deren Modalitäten wiederum werden in der Studie erst erforscht und nicht aus Vorannahmen abgeleitet.[27]

Ein deutlich ökonomischer Fokus prägt auch »›Under Western Eyes‹ Revisited« – ein Aufsatz, in dem sich Mohanty für eine »antikapitalistische transnationale feministische Perspektive« ausspricht, die gleichermaßen die Mikropolitik des Alltagslebens und die Makropolitik globaler politischer und ökonomischer Prozesse umfassen und dabei Fragen der politischen Ökonomie und der Kultur explizit verbinden soll (ebd., 230). Aufgrund ihrer These, dass jene Prozesse innerhalb der letzten Jahre brutaler geworden sind und ökonomische, »rassische« sowie geschlechtliche Ungleichheiten verschlimmert haben, richtet sie das Augenmerk und ihre theoretischen Anstrengungen nun vor allem auf »die Kritik des globalen Kapitalismus [...], die Naturalisierung der Werte des Kapitals und die uneingestandene Macht des Kulturrelativismus in kulturübergreifender feministischer Forschung und Lehre« (ebd., Übers. IK). Ging es ihr in ihrer früheren Studie vornehmlich um vereinfachende und hierarchisierende feministische Repräsentationen von Frauen im globalen Süden, so geht es ihr nun um die ausgeblendeten und zu wenig theoretisierten Aspekte in der Wissensproduktion über Globalisierung. Damit verschiebt sie ihren Fokus von der Analyse eurozentrischer, kolonisierender Diskurse hin zu einer expliziten Auseinandersetzung mit den Effekten globaler ökonomischer Prozesse.

In ihrem Kern richtet sich die transnationale antikapitalistische feministische Perspektive, die Mohanty entwickelt, gegen eine neoliberal informierte Sicht auf Globalisierungsprozesse. Zu diesem Zweck empfiehlt sie, globale Veränderungen »von unten« anstatt »von oben« zu analysieren – nämlich ausgehend von der Wahrnehmung dieser Veränderungen durch marginalisierte Gruppen armer Frauen. Von dieser Vorgehensweise verspricht sich Mohanty, dass soziale Ungerechtigkeiten in den Blick geraten, die ansonsten verborgen blieben. Denn gesellschaftlich Marginalisierten spricht Mohanty – an diesem Punkt in der Tradition feministischer Standpunkttheorien – ein epistemisches Privileg zu: Da sie von den negativen Effekten des globalen Kapitalismus in besonderem Maße betroffen seien, seien ihnen diese besonders präsent. Beispielhaft für dieses Modell der Analyse von unten nach oben sind Mohanty zufolge Vandana Shivas Arbeiten zu Patentierungen, indigenem Wissen und Biopiraterie, in denen die Aktivitäten transnationaler Pharmakonzerne aus einer indigenen Perspektive betrachtet werden. Aus dieser Perspektive lassen sich Patentierungen von Heilpflanzen als Diebstahl geistigen Eigentums beschreiben – sie bietet daher einen geeigneten Ausgangspunkt für die Kritik solcher Praktiken.

Indem sie marginalisierten Frauen im globalen Süden ein epistemisches Privileg einräumt, konterkariert Mohanty die viktimisierende Darstellung von »Dritte-Welt-Frauen«, die sie in ihrem früheren Aufsatz so stark kritisiert hatte. Außerdem stellt sie die Vorstellung infrage, westlicher Feminismus sei unter allen Feminismen der avancierteste: Frauen im Süden, schreibt sie, engagieren sich aufgrund ihrer persönlichen Betroffenheit schon wesentlich länger als westliche Feministinnen gegen die Verheerungen, die das globalisierte Kapital hervorruft (ebd., 237). Da die Kritik dieser Verheerungen zu den zentralen Aufgaben des gegenwärtigen globalen Feminismus gehöre – denn sie beträfen Frauen in stark überproportionalem Maße (ebd., 234) –, stellten Aktivistinnen im globalen Süden mit ihrer langen Tradition sozialer Kämpfe und vergleichsweise allgemeinpolitischer Forderungen so etwas wie die Avantgarde der transnationalen Geschlechterpolitik dar. Außerdem sei ihre Arbeit auch für die bislang nicht feministischen Zweige der Globalisierungskritik richtungsweisend: diese sollten die deutlich vergeschlechtlichten Implikationen gegenwärtiger weltweiter Prozesse und Konstellationen nicht weiterhin als Nebenschauplatz behandeln (ebd., 249).

Während Mohanty mit Blick auf die global angelegte feministische Forschung empfiehlt, marginalisiertes Wissen zum Ausgangspunkt zu machen, spricht sie sich hinsichtlich der akademischen Lehre dafür aus, komparativ zu arbeiten, dabei jedoch stets die Ko-Implikationen, die verwobenen Geschichten unterschiedlicher lokaler Kontexte und globaler Prozesse ins Sichtfeld zu rücken – und damit einen schlichten Vergleich in kulturrelativistischer Manier zu vermeiden (ebd., 242-244). Damit macht sie Überlegungen, wie sie auch im Zusammenhang der postkolonialen Kritik an Ansätzen multipler Formen der Moderne formuliert worden sind, für die feministische Pädagogik stark.

Mohantys Ansatz ist mit jenem Mignolos durchaus kompatibel – allerdings sind Mohantys Arbeiten, anders als jene Mignolos, durch einen eindeutigen feministischen Fokus geprägt und machen neben epistemischen Fragen auch ökonomische Aspekte explizit zum Thema. Letzteres trifft auch für Gayatri Chakravorty Spivak zu, die sich jedoch als »feministisch-marxistische Dekonstruktivistin« (Spivak 1996a, 73) deutlich von Mignolos und Mohantys standpunkttheoretischen Positionen absetzt. Auch Spivak bringt immer wieder den Weltmarkt ins Spiel, lenkt die Diskussion über Postkolonialismus auf marginalisierte Personen im globalen Süden, insbesondere auf Frauen, und weigert sich dabei, diese lediglich als Opfer zu betrachten. Und auch sie ringt um Möglichkeiten globaler solidarischer Kooperation. Bezogen auf Subjektivitäts- und Identitätskonzeptionen argumentiert Spivak jedoch im Vergleich kritischer, man könnte auch sagen: skeptischer. So weist sie auf die Probleme hin, die im Prozess jeder Repräsentation entstehen, hinterfragt die Möglichkeiten der Selbstrepräsentation seitens der Marginalisierten und moniert jeden romantisierenden Blick auf vermeintlich authentische Andere.

In den Mittelpunkt ihrer postkolonialen Überlegungen stellt Spivak subalterne Bevölkerungsgruppen abseits der Metropolen. Als Subalterne bezeichnet sie in Anlehnung an den Sprachgebrauch der indischen *Subaltern Studies Group* all diejenigen Personen, denen soziale Mobilität verwehrt bleibt. Dabei impliziert der Begriff, der ja selbst schon als Differenz – Differenz von der Position der sozial Mobilen – definiert ist, unhintergehbare Heterogenität. Denn mit diesem sehr weiten Begriff werden Personen der unterschiedlichsten sozialen Positionen bezeichnet, und spezifische Gruppen – wie verarmte Landbesitzer – gehören in manchen Regionen dazu, in anderen wiederum nicht (Spivak 2008a, 50).

Im selben Zuge, in dem sie die Subalternen als konstitutiv heterogene Gruppe beschreibt, wendet sich Spivak gegen die Idee, der Begriff der »Subalternen« bezeichne authentische Subjekte, denen man als Wissenschaftler/in oder auch als politische/r Aktivist/in lediglich zuhören müsse, um Wahrheiten über sie und ihre persönliche und kollektive Lebenssituation zu erfahren. Sie betont die Macht von Ideologien und folgt gleichzeitig den subjektkritischen Einsichten des Poststrukturalismus – und hält es für falsch, diese lediglich auf Menschen in westlichen Industriegesellschaften und vielleicht noch auf die Bewohner/innen globaler Metropolen zu beziehen. Entsprechend skeptisch ist sie auch gegenüber Foucaults Hoffnungen auf einen Aufstand unterworfener Wissensformen bzw. dem kritischen Potenzial, das daraus erwachse, unterworfene Personen oder Gruppen selbst, d.h. für sich, sprechen zu lassen. Erstens verkenne eine solche Hoffnung den Einfluss ideologischer Formationen auf das Wissen und Denken; zweitens gingen derartige Akte des Sprechen-Lassens und Zuhörens zu leicht damit einher, dass dabei weder der Situierung der Zuhörer/innen noch der Interaktion zwischen Sprecher/in und Zuhörer/in weitere Beachtung geschenkt werde – es gebe in diesem Szenario lediglich authentische Stimmen, alles weitere gerate aus dem Blick (ebd., 21-30). Eine solche Gesprächsanordnung, die davon ausgeht, die Subalternen seien, anders als moderne und postmoderne Subjekte der Metropolen, von den Machtwirkungen, die Zweifel gegenüber Authentizitätsansprüchen und kohärenten Identitäten aufwerfen, unberührt, hält Spivak nun nicht nur nicht für die Lösung, sondern für einen Gutteil des Problems. Denn wenn Komplexität ausschließlich urbanen Zentren und insbesondere der OECD-Welt zugeschrieben wird, der globale Süden und vor allem seine ländlichen Regionen hingegen mit Traditionalität und Unterkomplexität assoziiert werden, laufen Subalterne Gefahr, unterschätzt zu werden. Am Ende eines ihrer bekanntesten Aufsätze, »Can the Subaltern Speak?«, verneint Spivak daher die Frage, die sie im Titel formuliert. Damit meint sie jedoch nicht, dass es den als subaltern bezeichneten Menschen unmöglich wäre, sich zu äußern. Vielmehr impliziert der viel zitierte Satz, die Subalternen könnten nicht sprechen, dass es ihnen im Kontext der bestehenden Machtverhältnisse nicht möglich ist, ihre heterogenen Anliegen wahrnehmbar zu machen. Der Satz bedeutet, dass es ihnen unter gegebenen Umständen nicht gelingen könne, sich als komplexe Personen Gehör zu verschaffen, d.h. sich erfolgreich zu repräsentieren.

Zur Illustration dieses Sachverhalts wählte Spivak das Beispiel Bhuvaneswari Bhaduris, einer mit ihr verwandten jungen Frau, die sich in den 1920er Jahren in Kalkutta in der Wohnung ihres Vaters das Leben nahm. Zum Zeitpunkt ihres Todes menstruierte sie. Ihr Körper zeigte damit eindeutig, dass sie nicht schwanger war, d.h. dass nicht eine illegitime Schwangerschaft der Grund ihres Suizids sein konnte – eine Interpretation der Todesursache, die in den Folgejahren dennoch in ihrer Familie tradiert wurde. Etwa zehn Jahre nach Bhaduris Freitod wurde ein Abschiedsbrief gefunden, den sie ihrer älteren Schwester hinterlassen hatte. Daraus ging hervor, dass Bhaduri aktive Kämpferin im bewaffneten antikolonialen Widerstand gewesen war und in diesem Zusammenhang den Auftrag erhalten hatte, einen politischen Mord auszuführen. Als sie feststellte, dass sie dazu nicht in der Lage sein würde, tötete sie sich selbst. Und da sie schon vermutete, dass ihr Suizid fälschlicherweise einer illegitimen sexuellen Beziehung zugeschrieben würde, wartete sie damit bis zu ihrer Menstruation (ebd., 104 f.). Bhaduris Freitod war also eine komplexe Inszenierung, die nicht verstanden wurde – in diesem Sinne konnte Bhaduri nicht sprechen. »Mit ›Sprechen‹ meinte ich natürlich einen Austausch zwischen Sprecher/in und Zuhörer/in«, erklärte Spivak dazu später (Spivak 1996b, 289, Übers. IK).

Wenn nun das Nicht-Sprechen-Können der Subalternen ein Problem ist, das zwar tiefe, schwer behebbare Ursachen hat und auf diese verweist – globale Machtverhältnisse und ihre Effekte –, sich jedoch als Kommunikations- bzw. Rezeptionsproblem äußert, stellt sich die Frage, ob es auf dieser Ebene, letztlich der Mikroebene, Ansatzpunkte dafür geben kann, dass das Sprechen und Verstandenwerden der Subalternen möglich wird. Spivak schlägt in dieser Hinsicht potenziellen Rezipient/innen vor, ein dialogisches Verhältnis zu suchen, was aber Zeit brauche und einige Anstrengungen erfordere. Bezogen auf Interaktionen zwischen Wissenschaftlerinnen und subalternen Frauen empfiehlt sie:

> »Ich sollte diese Frauen weder gönnerhaft behandeln noch romantisieren [...]. Als akademische Feministin muss man lernen, von ihnen zu lernen, zu ihnen zu sprechen und zu bezweifeln, dass ihr Zugriff auf politische oder sexuelle Belange durch unsere überlegenen Theorien und unser aufklärerisches Mitleid korrigiert werden sollte.« (Spivak 1988, 135, Übers. IK)

Später etablierte sie zur Bezeichnung dieses Lernprozesses die Wendung »unlearning one's privilege as one's loss« (Spivak 1990, 9, 42, 57). Sie regt also an, zu lernen, eigene Privilegien als Verlust zu verstehen und aufzugeben. Sinnvoll sei das, weil eine gesellschaftlich privilegierte Position leicht dazu verführe, ein dialogisches Verhältnis mit weniger privilegierten Personen gar nicht erst anzustreben – was allerdings zur Folge habe, dass der privilegierteren Person das Wissen, das ihr ein solcher Dialog offenbaren würde, verloren geht. Voraussetzung eines gelingenden Dialogs ist Spivak zufolge gegenseitiges Vertrauen, das allerdings nicht von einem Tag auf den anderen entstehen könne. Sie empfiehlt zu diesem Zweck »Feldforschung« (»von unten lernen« klingt ihr zu andächtig), den geduldigen Versuch, zu lernen, ohne dabei gleich an die akademische oder administrative Verwertung des Gelernten zu denken (Spivak/Sharpe 2002, 620).

Hinsichtlich wissenschaftlicher Darstellungen spricht sich Spivak für radikale Differenzierungen aus. Als Beispiel dient ihr ein Aufsatz von Kalpana Bardhan (1986) über die soziale Lage von Frauen in Indien. Dazu schreibt Spivak:

> »In Bardhans Arbeiten merkt man, dass es unmöglich ist, so etwas wie Frauen zu bestimmen. Selbst die Aktivistinnen, die sich an ihrem Kampf beteiligen können, diversifiziert Bardhan. Sie diversifiziert die Personen, die über sie forschen. In solchen Arbeiten, die nicht gegen Essentialismus sind, aber die das Raster vollständig pluralisieren, wird es zu meiner Aufgabe als Leserin, wie bei der Dekonstruktion, zu lesen und etwas eigenes daraus zu machen.« (Spivak 1993, 17, Übers. IK)

Eindeutigkeiten auf diese Weise zu verweigern ist jedoch nicht immer möglich – nicht in der Wissenschaft und vielleicht noch weniger in der Politik. Dieser Umstand der Unvermeidbarkeit essentialisierender Aussagen führt Spivak jedoch nicht dazu, diese gutzuheißen, sondern eher dazu, ihnen gegenüber eine ständige Wachsamkeit an den Tag zu legen und sie so oft wie nötig zu kritisieren. Im Hinblick auf Sonderfälle wie Kämpfe subalterner Bevölkerungsgruppen oder auch den Feminismus hat sie sich ferner für ihren vorsichtigen, strategischen Einsatz ausgesprochen: einen »strategischen Essentialismus«, der sich der Gefahr seiner zwar vielleicht nicht intendierten, so doch problematischen Effekte – insbesondere Homogenisierungen und Ausschließungen – stets bewusst ist. Ein strategischer Einsatz potenziell essentialisierender Konzepte und Kategorien, beispielsweise der Kategorie »Frauen« in der feministischen Politik, wäre von der Idee geleitet, dass durch einen solchen Rekurs nicht lediglich eine bereits konstituierte Gruppe ins politische Spiel gebracht wird, sondern dass ein solcher Rekurs die Existenz dieser Gruppe überhaupt erst unterstellt – und in diesem Zuge auch eine zumindest derart weit reichende Homogenität ihrer Mitglieder, dass von einer Gruppe überhaupt die Rede sein kann. Spivak zufolge kann dies aus strategischen Gründen angezeigt, ja unvermeidbar sein. Unproblematisch wird es dadurch jedoch keineswegs (Spivak 1990, 11).

Radikales Differenzieren bzw. Pluralisieren ist trotz ihres pragmatischen Umgangs mit vereindeutigenden Darstellungen im Bereich der Politik die Methode, die Spivak in ihren jüngeren Arbeiten über Asien favorisiert: *Other Asias* heißt eins ihrer Bücher (Spivak 2008b). Spivak zufolge ist Asien nicht zuletzt seit Beginn des »Kriegs gegen den Terror« ins Zentrum des weltpolitischen Interesses gerückt – wobei das vorherrschende Asienbild in den USA auf Ostasien beschränkt und damit von den genannten kriegerischen Auseinandersetzungen entkoppelt sei (ebd., 241). Um diesem Bild entgegenzuwirken, versammelt sie in ihrem Buch Texte über komplexe Zusammenhänge von Staatlichkeit, »Entwicklung«, Geschlecht und Bildung in Afghanistan bis zur Zeit der letzten kommunistischen Regierung in der ersten Hälfte der 1990er Jahre ebenso wie über Transformationsprozesse in der indischen Megacity und IT-Metropole Bangalore; über die Rolle Armeniens in Geschichte und postkolonialer Theorie genauso wie über die Herausforderung angemessener Repräsentationen des Hinduismus und seiner Göttinnen; schließlich über die internationale politische Kontroverse zum Flutaktionsplan in Bangladesh sowie über die Machteffekte und Grenzen der Menschenrechtspolitik. Ziel dabei ist es, das gängige Asienbild zu pluralisieren. Ferner ist sie gegen jede Form der Viktimisierung Asiens in imperialismuskritischer Absicht und warnt in diesem Sinne vor »komparativen Opferstudien« (ebd., 217, Übers. IK) – eine Tendenz, die sie den *Ethnic Studies* in den USA zuschreibt. Damit einher geht ihre Absage an jedes – und insbesondere jedes asiatische, jedoch auch jedes lateinamerikanische oder auch afrikanische – kulturelle Ursprungsdenken, jede Form des »Identitarismus« (ebd., 235, Übers. IK). Und auch die Reklamation einer subalternen Gegenkollektivität sieht Spivak kritisch und verweist darauf, dass Antikolonialismus oftmals Kulturkonservatismen stützt – die insbesondere für Frauen negative Konsequenzen haben (ebd., 247 f.). Als Alternative schwebt ihr ein kritischer Regionalismus vor, der die Probleme des Nationalismus vermeidet, sich jedoch nicht mit einem schlichten Postnationalismus zufriedengibt (ebd., 1). Als Lehr- und Forschungsprogramm übersetzt sich diese Idee in eine »pluralisierte vergleichende asiatische Literaturwissenschaft«, die sich, sozialwissenschaftlich informiert, asiatischen Idiomen und Ethiken widmet und dabei gegen identitäre Regionenunterscheidungen anarbeitet (ebd., 235).[28]

Dass Spivak mit dieser Idee auch etablierte Grenzziehungen zwischen Geistes- und Sozialwissenschaften infrage stellt, sollte nicht darüber hinwegtäuschen, dass sie beide akademische Traditionen für unabdingbar hält und dabei interessanterweise just den Geisteswissenschaften eine eminent politische Rolle zuschreibt. Denn der Geisteswissenschaften bedarf es ihrer Einschätzung nach, um das »Problem des Verlangens der Asiat/innen nach Asianismus« in den Blick zu nehmen als etwas, das zunächst zu verlernen und sodann auf fantasievolle und nichtidentitäre Weise wiederzuerlernen sei (ebd., 225). Und auch im Zusammenhang von Rechtsstaatlichkeit und Demokratie hält Spivak das, was ihrer Ansicht nach konstitutiv für die Geisteswissenschaften ist, nämlich, dass diese durch die Schulung der Vorstellungskraft eine zwanglose Neuanordnung des Verlangens möglich machen, für eminent wichtig: denn hierdurch werde es möglich, dem Wahlvolk demokratische Selbstverständlichkeiten und Gepflogenheiten nahezubringen (ebd., 3). Dies wiederum ist Voraussetzung dafür, dass formale Demokratien auch im substanziellen Sinne demokratisch funktionieren und rechtstaatliche Prinzipien mit Leben gefüllt werden können.

Dass die Geisteswissenschaften mit der Tradition der europäischen Moderne keinesfalls vollständig brechen, stört Spivak dabei nicht. Anders als Mignolo hält sie wenig davon, diese Tradition abzulehnen und ausgewählte Einzelelemente von ihr höchstens dann zu akzeptieren, wenn sie eingebettet und damit eingehegt im Kontext von Grenzdenken auftauchen. Dabei ist auch Spivak der Auffassung, die Moderne sei ein ambivalentes Projekt. Im Gegensatz zu Mignolo betont sie hinsichtlich deren Bedeutung für Kolonialismus und postkoloniale Konstellationen jedoch nicht lediglich ihre negativen Seiten, sondern beschreibt ihre Effekte als »befähigende Verletzung« – und vertritt die Ansicht, dass die befähigenden Elemente der modernen Tradition, beispielsweise Menschenrechte, positiv genutzt werden sollten, während die Verletzungen neu verhandelt werden (ebd., 15). Zugleich verweist sie aber auch auf die anhaltenden Gefahren der Tradition der Aufklärung, die sich insbesondere dann manifestierten, wenn diese mit dem Anspruch auftrete, allein aus sich heraus weltweite Problemlösungen generieren und dabei auf permanente lokale Dialoge sowie daraus erwachsende Kurskorrekturen verzichten zu können (ebd., 61).[29]

Post-Development – postkoloniale Entwicklungspolitikkritik

Das Nord/Süd-Gefüge war nie Gegenstand allein des wissenschaftlichen und außerakademischen Diskurses und dessen Kritik, sondern bildet spätestens seit der Zeit des Kolonialismus auch den Rahmen vielfältiger politischer Interventionen. Ein wichtiger Zweig der aktuellen Nord/Süd-Politik ist die sogenannte Entwicklungspolitik, die Mitte des 20. Jahrhunderts begann. In den britischen und französischen Kolonien in Afrika führte dies zunächst zu einer Art »Entwicklungskolonialismus« (Osterhammel 1995, 45; Eckert 2006, 90). Von »Entwicklung als Fortsetzung kolonialer Weltsicht« (Hirsch 1990, 33) wird aber auch mit Blick auf Kontexte gesprochen, in denen ein derartiges Zusammenspiel explizit kolonialer Strukturen und entwicklungspolitischer Maßnahmen nicht vorliegt. Zugleich jedoch diente dieses Politik- und Interventionsfeld, das inzwischen von einem komplexen Geflecht internationaler, staatlicher, zivilgesellschaftlicher, kirchlicher und privatwirtschaftlicher Organisationen getragen wird, spätestens seit den 1970er Jahren auch als institutioneller Rahmen für Ansätze globaler Solidarität.

Angesichts dieser inhaltlichen Vielschichtigkeit und normativen Ambivalenz liegt es fast nahe, dass entwicklungspolitische Ideen und Maßnahmen seit längerer Zeit Gegenstand postkolonialer Theorien und Auseinandersetzungen sind – und dass hier mittlerweile ganz unterschiedliche Positionen vertreten werden, die sich sowohl mit Blick auf die jeweilige inhaltliche Schwerpunktsetzung als auch mit Bezug auf ihre Radikalität unterscheiden. Einige dieser Positionen wurden entwickelt, bevor in den unterschiedlichen Wissenschaften von Postkolonialismus die Rede war – die programmatischen Titel wichtiger früher (Sammel-)werke dieser entwicklungspolitikkritischen Tradition lauten *Tödliche Hilfe. Bericht von meiner letzten Dienstreise in Sachen Entwicklungshilfe* (Erler 1985), *Mythos Entwicklungshilfe. Entwicklungsruinen: Analysen und Dossiers zu einem Irrweg* (Dirmoser/Gronemeyer/Rakelmann 1991) oder auch *Wie im Westen, so auf Erden. Ein polemisches Handbuch zur Entwicklungspolitik* (Sachs 1993). Seit den 1990er Jahren ist in diesem Zusammenhang in der Regel von Post-Development die Rede (z.B. Ziai 2006; 2007) – oder der postkoloniale Theoriefokus der Auseinandersetzung wird explizit benannt (z.B. Kerner 1999; Kapoor 2008).

Zentrales Element postkolonialer Entwicklungspolitikkritik ist zunächst die Kritik des Entwicklungsparadigmas und seiner vielfältigen Effekte. Auf diesem Terrain hat sich auf besondere Weise der in den USA lehrende Anthropologe Arturo Escobar verdient gemacht, der in seinem 1995 erschienenen Buch *Encountering Development. The Making and the Unmaking of the Third World* (Escobar 1995) den Entwicklungsdiskurs und seine institutionellen Ausprägungen einer kritischen Analyse unterzogen hat – und seine Arbeit dabei in der Tradition Foucaults, Saids, Mudimbes, Mohantys und Bhabhas verortet. Kern seiner Kritik sind euroatlantische Repräsentationen von Asien, Afrika und Lateinamerika als unterentwickelte Dritte Welt, die der Entwicklungshilfe des globalen Nordens bedürfe, um einen diesem vergleichbaren Entwicklungsstand zu erreichen (ebd., 7) – ein Versprechen, das im Zuge entwicklungspolitischer Maßnahmen selten eingelöst, oft hingegen hintertrieben würde. Escobar zufolge sind entwicklungspolitische Diskurse und Praktiken damit Zeugnisse eines paternalistischen Eurozentrismus; vor allem jedoch zögen sie tiefgreifende Machteffekte nach sich, unter denen die großflächige Verbreitung der Idee, der euroatlantischen Welt komme eine globale Vorreiterrolle zu, ebenso hervorsticht wie deren Pendant, ein weit verbreitetes Bewusstsein der eigenen »Unterentwicklung« in den Ländern des globalen Südens (ebd., 10).

Die praktische Arbeit entwicklungspolitischer Organisationen erstreckt sich seit geraumer Zeit auf ein breites Spektrum gesellschaftlicher Arenen und Tätigkeitsfelder – entsprechend begnügt sich auch Escobar nicht mit einer Entwicklungskritik im allgemeinen Sinne, sondern befasst sich explizit mit den entwicklungspolitischen Teilbereichen der ländlichen Entwicklung, der nachhaltigen Entwicklung und der geschlechterpolitischen *Women-in-Development*-Maßnahmen; außerdem denkt er über mögliche Alternativen zur etablierten Entwicklungspolitik nach. Diese dreifache Programmatik ist in der postkolonialen Entwicklungspolitikkritik inzwischen verbreitet – und wird in zahlreichen Publikationen auf ganz unterschiedliche Weisen aktualisiert und ausbuchstabiert.[30]

6. Postkoloniale Identitäten

Gayatri Spivak, deren Arbeiten im vorangegangenen Kapitel dargestellt wurden, hat sich bereits in den frühen 1990er Jahren mit Vehemenz gegen die Gleichsetzung von postkolonialen und migrationsbezogenen Fragestellungen ausgesprochen. Die Lage der armen Landbevölkerung in Postkolonien sei mit jener von Migrant/innen in Europa und anderen reichen Ländern nicht zu vergleichen, auch wenn diese den unteren Einkommensschichten angehören. Postkolonialen Positionen, die sich in erster Linie dem urbanen Radikalismus im globalen Süden widmen, Phänomenen migrantischer Hybridität nachgehen oder auch Marginalisierungsprobleme in den Metropolen des Nordens thematisieren, wirft Spivak entsprechend vor, die Subalternen aus dem Blick zu verlieren (Spivak 1993, 225-257). Damit werde die Aufmerksamkeit gerade von jenen Personen abgelenkt, die ihrer Ansicht nach die primären Subjekte postkolonialer Reflexionen sein sollten.

Erfahrungen von Migrant/innen aus den Postkolonien Asiens, Afrikas und Lateinamerikas, die den kolonialen und imperialen Expansionsrouten auf umgekehrtem Wege gefolgt sind und nach Europa bzw. Nordamerika übersiedelten, bestimmen in der Tat einen beträchtlichen Anteil postkolonialer Theorien.[31] Inhaltlich geht es dabei um ein breites Themenspektrum, das von der Konfrontation mit Rassismus bis hin zu Strategien antirassistischer Mobilisierung reicht, von Subjektivierungseffekten kolonialer Diskurse bis hin zu Situationen der mehrfachen kulturellen Zugehörigkeit sowie den daraus entstehenden Problemen, doch ebenso den hieraus erwachsenden Potenzialen. Zur Beschreibung und Charakterisierung postkolonialer Identitäten werden dabei vielfach Metaphern der Vermischung und Überschreitung verwendet. Anders als traditionelle Identitätstheorien, die oft interne Kohärenz anstreben und mit klaren Innen/außen-Unterscheidungen operieren, transzendieren postkoloniale Thematisierungen von Identität nationalistische und anderweitige Dichotomisierungen meist explizit. Wie im Folgenden deutlich werden soll, gilt dies sowohl für Auseinandersetzungen mit personalen als auch mit kollektiven Aspekten von Identität; und ferner gilt dies nicht nur mit Blick auf Identitätsbildungsprozesse in Postkolonien, sondern auch hinsichtlich entsprechender Prozesse in der euroatlantischen Welt, deren Hintergrund häufig Geschichten postkolonialer Migration in die Metropolen des Nordens sind.

Minorisierte Subjektivitäten

Für jene Afrikaner/innen, die im Zuge des transatlantischen Sklavenhandels nach Amerika und in die Karibik kamen, war die Migration alles andere als freiwillig, und auch das Leben in der »Neuen Welt« war statt von Freiheitsverheißungen weitgehend von Unfreiheit und Zwang geprägt. Auch nach der Abschaffung der Sklaverei wirkten Diskurse und Strukturen, die diese Extremform von Ausbeutungsrassismus gestützt und ermöglicht hatten, noch auf vielfältige Weise fort. Was das für das Selbstverhältnis schwarzer US-Amerikaner bedeuten kann, hat auf eindringliche Weise der Soziologe, Schriftsteller und Essayist W.E.B. Du Bois beschrieben – in seinem bereits 1903 erschienenen und seither vielfach nachgedruckten und kommentierten Buch *The Souls of Black Folk*, auf Deutsch *Die Seelen der Schwarzen*, das Elemente historischer Abhandlungen, sozioökonomischer Studien, kulturwissenschaftlicher Analysen, der Autobiografie sowie der Zeitdiagnose vereint. Du Bois macht in diesem Buch bereits im ersten Absatz deutlich, dass sein Hauptthema das Fortleben kolonialrassistischer Denkweisen und Ordnungsmuster ist: »das Problem des 20. Jahrhunderts ist das Problem der Rassentrennung«, schreibt er (Du Bois 2003, 31).[32] Die Ursprünge dieses Problems führt er auf den unzureichenden gesellschaftlichen Umbau in den Jahren nach Abschaffung der Sklaverei in den Südstaaten, d.h. ab Mitte der 1860er Jahre zurück – sein Resultat war anhaltender weißer Rassismus, anhaltende schwarze Armut und anhaltende Rechtsungleichheit (ebd., 44-69). Für schwarze US-Amerikaner habe dies zum Ausschluss von der weißen Welt geführt, zu dessen Versinnbildlichung Du Bois die Metapher eines riesigen Schleiers heranzieht, hinter dem hervorzutreten Schwarzen nicht möglich ist (ebd., 34). Zu den Effekten besagten Ausschlusses zählt er die Herausbildung eines »doppelten Bewusstseins«, das Gefühl, »sich selbst immer nur durch die Augen anderer wahrzunehmen, der eigenen Seele den Maßstab einer Welt anzulegen, die nur Spott oder Mitleid für einen übrig hat« (ebd., 35). Statt ein kohärentes, einheitliches Selbstbewusstsein ausbilden zu können, das Aspekte des Schwarzseins und des Amerikanischseins integriert, seien schwarze US-Amerikaner von Zerrissenheit geplagt, einem ständigen Gefühl der Zweiheit und des Doppellebens, das häufig zu Pessimismus, Anpassung und der dafür nötigen Heuchelei oder aber zu Wut, Empörung und einem daraus erwachsenden moralischen Radikalismus führe (ebd., 209-214).

Eine ein halbes Jahrhundert jüngere, zum Teil aber dennoch ganz ähnliche Beschreibung der psychologischen Effekte alltagsrassistischer Erfahrungen findet sich bei Frantz Fanon, der in seinem ersten, 1952 erschienenen Buch *Schwarze Haut, weiße Masken* den Alltag in den französischen Kolonien der Karibik und die Lebensumstände schwarzer Migranten in den Metropolen Frankreichs thematisiert. Auch Fanon diagnostiziert Passivität und Aggressivität, Minderwertigkeitsgefühle und Überkompensation als mögliche Effekte rassistischer Erfahrungen. Die Grundsituation schwarzer Menschen in der Welt des französischen Kolonialreichs charakterisiert er als Entfremdung, als Eingeschlossensein des Schwarzen in seinem Schwarzsein. Dies werde vor allem deshalb zum Problem, weil sich Weiße gegenüber Schwarzen grundsätzlich für überlegen hielten und damit den Maßstab für alle Handlungen und Aspirationen lieferten. Das wiederum führe zu einer »Verinnerlichung oder besser Epidermisierung« von Minderwertigkeit (Fanon 1980, 10); außerdem zu einer »Spaltung«, einem Bruch des Bewusstseins, der sich darin äußere, dass ein Schwarzer in jedem Augenblick gegen sein Bild kämpfe und sich »zu einem Weißen anders als zu einem anderen Schwarzen« verhalte (ebd., 13).[33]

Von zentraler Bedeutung für die skizzierten Prozesse und Dynamiken ist Fanon zufolge die Sprache, die Ausdruck einer Denkweise und einendes Moment epistemischer Gemeinschaften ist; ferner »weiße Bücher« und Schulbildung, womit er auf koloniale pädagogische Praktiken verweist (ebd., 120). Eine bestimmte Sprache zu sprechen bedeutet für Fanon, »eine Kultur auf sich zu nehmen, die Last einer Zivilisation zu tragen« (ebd., 13). Und er ist der Auffassung, dass sich jedes »kolonisierte Volk – das heißt jedes Volk, in dem ein Minderwertigkeitskomplex entstanden ist, weil die lokale kulturelle Eigenart zu Grabe getragen wurde – [...] im Hinblick auf die Sprache der zivilisatorischen Nation, das heißt die Kultur der Metropole« situiere (ebd., 14). Der Kolonisierte, schreibt er, werde desto weißer sein, je schneller er sich die kulturellen Werte der Metropole aneigne und je stärker er sein Schwarzsein – und damit auch die kreolischen Sprachen – verleugne (vgl. ebd., 14 f.). So jedenfalls verhalte es sich in den Kolonien.

Bewegt sich der Kolonisierte in der Metropole, ist er Fanon zufolge mit einer deutlich anderen Situation konfrontiert – einer Situation, in der sich die Spezifik des metropolitanen Rassismus zeige. Denn dort werde der Kolonisierte unabhängig davon, wie sehr er sich assimiliert und mit der Sprache und Kultur der Metropole identifiziert hat, doch wieder festgenagelt, primitivisiert und dadurch verletzt (ebd., 24). Dies geschehe nicht zuletzt durch sprachliche Mittel, durch die Anrede in Formen des Pidgin etwa, wie in folgendem Beispiel: »Du sitzt im Zug und fragst: ›Entschuldigen Sie, Monsieur, können Sie mir bitte sagen, wo sich der Speisewagen befindet?‹ ›Ja, mein Freund, du müssen nehmen Gang geradeaus, eins, zwei, drei, da ist's.‹« (Ebd., 27) Fanon zufolge bedeutet die Konfrontation mit solchen Formen der Ansprache – egal, ob in direkten Interaktionen oder in medialen Repräsentationen – die Aberkennung von Kultur, Zivilisation und Geschichtlichkeit (ebd., 25). Denn den Adressierten werde dabei unterstellt, die Hochsprache nicht zu beherrschen und die Werte der Metropole nicht zu teilen – und zwar ungeachtet ihrer tatsächlichen Sprachkenntnisse und ohne jedes Interesse an ihren persönlichen Einstellungen.

Die Effekte derartiger Zuschreibungen für das schwarze Individuum können Fanon zufolge gravierend sein. Gestützt nicht zuletzt auf eigene Erfahrungen, spricht er von der Selbstkonstituierung als Objekt, dem Gefühl der Schutzlosigkeit und der Frustration, dem Eindruck, seziert und fixiert zu werden, eingemauert und verabscheut; außerdem von der Empfindung von Scham und Selbstverachtung (ebd., 73 ff.). Die Identitätsbildung beschreibt Fanon auf diese Weise als schmerzvollen, dabei jedoch eindeutig sozial vermittelten Prozess. Und auf ähnliche Weise erklärt er in den Kolonien auftretende Psychopathologien. In deutlicher Abkehr von der psychoanalytischen Lehrmeinung seiner Zeit sucht er deren Ursache nämlich nicht in der Familienkonstellation, sondern führt sie auf die koloniale Konstellation zurück: »jede Neurose, jedes anormale Verhalten, jeder affektive Erethismus bei einem Antillaner« sei eindeutig »die Resultante der kulturellen Situation« (ebd., 98).

Der von Fanon skizzierte Ausweg aus der kolonialrassistisch induzierten Entfremdung ist hingegen deutlich existenzialistisch konturiert. Bereits in *Schwarze Haut, weiße Masken* zeigt er sich skeptisch gegenüber dem Versuch, »aus der Vergangenheit der Völker meiner Hautfarbe meine ursprüngliche Berufung« herzuleiten (ebd., 144). Aufheben könnten Schwarze wie Weiße ihre Entfremdung dann, wenn sie sich weigern, »sich in den substantialisierten Turm der Vergangenheit sperren zu lassen« (ebd.). Sich gegen fixierende gesellschaftliche Zuschreibungen selbst erschaffen könne man, indem man in der Welt voranschreitet – es sei die Bestimmung des Menschen, »losgelassen zu werden« (ebd., 147).

Fanons *Schwarze Haut, weiße Masken* ist zwar eindeutig auf *koloniale* Kontexte bezogen. Seine Schriften haben sich mittlerweile jedoch auch für Thematisierungen *postkolonialer* Selbst- und Gemeinschaftsverhältnisse als wichtiger Referenzpunkt erwiesen. Das Spektrum der Bezugnahmen ist dabei breit – es reicht von politisch motivierten Affirmationen schwarzer Macht (Carmichael/Hamilton 1967) und Studien über die Zeitlosigkeit des Alltagsrassismus (Kilomba 2008) bis hin zu Positionen, die derartigen Varianten der außer- oder innerakademischen Identitätspolitik eher skeptisch gegenüberstehen. Zu den Letztgenannten zählt jene von Paul Gilroy, der an Fanon insbesondere dessen »reparativen Humanismus« schätzt, eine auf die Überwindung jeder Form von Rassismus gerichtete Haltung, die dazu angetan sei, sowohl einen Ausweg aus den Sackgassen postkolonialer Alteritätsaffirmationen zu weisen, als auch den aktuellen Formen eines geopolitisch motivierten »kriegerischen Zivilisationismus« etwas entgegenzusetzen (Gilroy 2011, 7). Gilroy zufolge stellen die kolonialen Verbrechen Europas und die sie legitimierenden »rassisch«-ethnischen Differenzierungen keinesfalls eine abgeschlossene Geschichte dar – auch wenn ihre aktuellen Formen von jenen, die zu Zeiten des formalen Kolonialismus prägend waren, deutlich abweichen mögen. Fanons Humanismus könne Europa angesichts dieser Lage dabei helfen, sich seiner postkolonialen Gegenwart bewusst zu werden und die eigene Haltung gegenüber Migrant/innen, Flüchtlingen und Angehörigen weiterer Bevölkerungsgruppen, denen mit explizitem oder auch implizitem Rekurs auf »rassisch«-ethnische Differenzpostulate der Status vollständiger Mitbürger/innenschaft verweigert wird, zu überdenken (ebd., 9 f.). Und auch einer Vollendung der Dekolonisierung auf globaler Ebene, d.h. dem Abrücken von geostrategischen Prioritätensetzungen in der internationalen Politik, die überkommene Formen rassentheoretisch legitimierter kolonialer Doppelmoral fortführen, sei Fanons Humanismus dienlich (ebd., 11).

Gilroy hat sich dem Thema schwarzer postkolonialer Subjektivitäten nicht erst in seiner Auseinandersetzung mit Fanons Humanismus zugewandt. Bereits in seinem 1993 erschienenen Buch *The Black Atlantic* widmet er sich diesem Thema. Der Untertitel des Buches, *Modernity and Double Consciousness*, verweist auf explizite Anleihen bei Du Bois; der Titel verrät einen deutlich transnationalen Fokus.

Der *Black Atlantic* symbolisiert bei Gilroy den Referenzraum der schwarzen Kultur, die sich auf Afrika und die schwarze Diaspora in der westlichen Hemisphäre, also insbesondere in den Amerikas und in Großbritannien erstreckt. Der Begriff ruft den sogenannten Dreieckshandel während der Kolonialzeit in Erinnerung und somit den Umstand, dass die Geschichte der schwarzen Bevölkerung Amerikas und der Karibik auf Sklavenschiffen begann – wobei Gilroy Wert darauf legt, besagte Schiffe nicht lediglich als Embleme des Sklavenhandels, sondern ebenso als Orte widerständiger Kulturproduktion und als Symbol der globalen Geschichte der europäischen, d.h. vor allem der britischen Industrialisierung und Modernisierung zu interpretieren (Gilroy 1993, 17). Der Atlantik ist zudem ein fluider Raum im Wortsinne, ein transnationaler Kontext vielfältiger Kontakte und Interaktionen. Entsprechend ist Gilroy zufolge auch die Geschichte des schwarzen Atlantiks durch Momente der Bewegung, Umsiedlung, Verdrängung und Rastlosigkeit geprägt (ebd., 133). Die Identitäten, die dieser Raum konstituiert, charakterisiert er entsprechend als fließend und in Bewegung befindlich anstatt als fixiert und starr – eher im Sinne von *routes* als von *roots* (ebd., 19). Musikalisch zeigt sich die Kultur des *Black Atlantic* Gilroy zufolge z.B. in den frühen Platten von Reggae-Künstlern wie Burning Spear oder Freddy McGregor, die in formaler Hinsicht unterschiedlichste stilistische Einflüsse verbinden und darüber hinaus auch in ihren Texten diasporische Erfahrungen zum Thema machen.

In der schwarzen Kultur der Gegenwart verzeichnet Gilroy neben fließenden Elementen allerdings auch einen starken Wunsch nach kultureller Verwurzelung, der sich in den unterschiedlichen Projekten des schwarzen Nationalismus sowie in den mit ihnen assoziierten Formen der Populärkultur äußere. Er interpretiert diese Tendenzen als Gegenreaktion auf all jene Varianten des Rassismus, die den historischen Charakter schwarzer Erfahrungen und die Integrität schwarzer Kulturen leugnen (ebd., 112). Allerdings scheut er auch nicht davor zurück, sie mit Blick auf die ihnen zugrunde liegenden Denkmuster und hinsichtlich ihrer politischen Effekte deutlich zu kritisieren.[34] Unter Rückgriff auf Du Bois beschreibt Gilroy die Kulturen der schwarzen Diaspora in diesem Sinne als Ausdruck, jedoch auch als Kommentar der Ambivalenzen, die durch die euroatlantische Moderne erzeugt wurden (ebd., 117). Damit interpretiert er Du Bois' Modell eines doppelten Bewusstseins explizit als eines, dessen Erklärungskraft über den Kontext der USA hinausreicht (vgl., 128). Indem er den hybriden Charakter des *Black Atlantic* stark macht, geht Gilroy jedoch zugleich über Du Bois hinaus. Denn vom Ideal eines kulturell kohärenten Subjekts, dem Du Bois eindeutig an- und nachhing, hat er selbst sich längst verabschiedet.[35]

Bereits ein halbes Jahrzehnt vor Erscheinen von Gilroys einflussreicher Studie über den *Black Atlantic* legte Gloria Anzaldúa ihr schon erwähntes Buch *Borderlands/La Frontera* vor, einen Text, der nicht nur Identitäten als in sich plural und spannungsgeladen entwirft, sondern dies auch auf formaler Ebene spiegelt. Sprachen – Englisch und Spanisch, daneben jedoch auch lokale Dialekte, *Spanglish* sowie *Nahuatl* – werden hier ebenso gemischt wie Textgattungen, vor allem Elemente der Autobiografie, der Essayistik und der Poesie.

Ausgehend von ihren eigenen Lebenserfahrungen im Grenzland einer Vielzahl von Kulturen entwirft Anzaldúa »a new mestiza consciousness, una consciencia de mujer« (Anzaldúa 1987, 77), ein weibliches Mestiza-Bewusstsein. Kulturelle Vermischungen und damit Momente des Hybriden, die wenig später auch bei Gilroy aufscheinen werden, sind in Anzaldúas Ausführungen zentral.[36] Für den Kontext der postkolonialen Theorie ungewöhnlich – manche mögen sagen: befremdlich – entwickelt Anzaldúa ihr Konzept eines Mestiza-Bewusstseins ausgehend von der explizit biologischen Argumentation des mexikanischen Theoretikers, Schriftstellers und später auch Politikers José Vasconcelos, der sich in den 1920er Jahren für eine vermischte *raza cósmica* stark machte. Gegen »rassische« Reinheitslehren deutscher oder auch angloamerikanischer Provenienz entwarf Vasconcelos Anzaldúa zufolge eine »Theorie der Inklusivität«, bei der die Vermischung von »Rassen« nicht mit Momenten der Degeneration assoziiert, sondern vielmehr als Chance begriffen wird. Denn sie führe zu einer »hybriden Nachkommenschaft, einer mutablen, geschmeidigeren Spezies mit reichem Genpool« – eben jener »rassischen, ideologischen, kulturellen und biologischen Fremdbestäubung«, der das neue Mestiza-Bewusstsein entspringe (ebd., 77, Übers. IK).

Anzaldúa ist klar, dass die Mestiza-Existenz, obwohl als Chance entworfen, alles andere als konfliktfrei ist. In ihr treffen Werte und Normalitäten der angloamerikanischen und der mexikanischen Kultur aufeinander, die wiederum auf Interpretationsmuster und Gesellschaftsmodelle der indigenen Kultur treffen. Aus diesem Aufeinanderprallen entsteht nach Anzaldúa eine Ambivalenz, die nur unter Schwierigkeiten auszuhalten sei. »Die Ambivalenz des Zusammenpralls der Stimmen führt zu einem mentalen und emotionalen Zustand der Verwirrung. Innere Unruhe führt zu Unsicherheit und Unentschlossenheit. Die duale oder multiple Persönlichkeit der Mestiza ist von psychischer Rastlosigkeit gequält«, schreibt sie (ebd., 78, Übers. IK). Anders als noch Du Bois und an diesem Punkt eher in Vorwegnahme der Position Gilroys, hält Anzaldúa jedoch nicht am Ideal einer kohärenten Ich-Identität fest, sondern plädiert mit ihrem Konzept des neuen Mestiza-Bewusstseins dafür, Abschied von der Vorstellung zu nehmen, das Leben nach klar definierten, vielleicht gar widerspruchsfreien Werten und Vorstellungen ausrichten zu können. Sie erklärt:

»Die neue Mestiza meistert ihre Lage dadurch, dass sie Toleranz für Widersprüche und Ambiguität entwickelt. Sie lernt, in der mexikanischen Kultur indianisch und aus angloamerikanischer Sicht mexikanisch zu sein. Sie lernt, mit Kulturen zu jonglieren. Sie hat eine plurale Persönlichkeit, sie funktioniert nach einem pluralistischen Modus: nichts ragt heraus, weder das Gute noch das Schlechte noch das Hässliche, nichts wird abgelehnt, nichts aufgegeben. Und sie hält die Widersprüche nicht nur aus, sie macht die Ambivalenz zu etwas anderem, etwas Neuem.« (Ebd., 79, Übers. IK)

Die erwähnte Transformation der Ambivalenz geschieht nach Anzaldúa durch emotionale Ereignisse – wobei sie betont, sie wisse nicht genau, *wie* sie geschehe, es handele sich um unbewusste Prozesse, die von der Seele vollzogen würden (ebd., 79). Das Ergebnis allerdings sei die Entstehung eines dritten Elements, das etwas anderes sei als lediglich die Summe seiner Teile: ein neues Bewusstsein, das Mestiza-Bewusstsein, das zwar die Quelle großen Schmerzes sei, dessen Energie sich jedoch aus der fortlaufenden schöpferischen Bewegung speise, die vereinheitlichenden Aspekte aller Paradigmen aufzubrechen – denn Starrheit bedeute Tod (ebd., 79 f.). Ohne explizit auf poststrukturalistische Ansätze zurückzugreifen, entwickelt Anzaldúa damit ein Identitätskonzept, das sich klar vom dualistischen Denken abhebt und stattdessen Flexibilität sowie das Aushalten und kreative Verarbeiten von Widersprüchen propagiert. Anders als Du Bois, Fanon und in gewissem Sinne auch Gilroy, deren Theorien zumindest implizit um Fragen schwarzer Männlichkeit kreisen, interessiert sich Anzaldúa im Zusammenhang des von ihr vorgeschlagenen Grenzdenkens zudem in erster Linie für Aspekte *weiblicher* Subjektivität. Aufgrund der Persistenz androzentrischer Gesellschaftsmuster ist dies mit besonderen Herausforderungen verbunden. »Der Kampf der Mestiza ist vor allem ein feministischer«, erklärt sie entsprechend (ebd., 84).

Vermischung und Hybridität

Die Zurückweisung geschlossener, starrer Konzepte personaler und kollektiver Identitäten zugunsten von Ansätzen, die Vermischung und kulturelle Unreinheit betonen, ist ein verbreiteter Topos in der postkolonialen Theorie – und zwar über die Thematisierung minorisierter Subjektivitäten hinaus. Gefühle der Zerrissenheit und der Entfremdung, die bei Autoren wie Du Bois und Fanon eine wichtige Rolle spielen und auch noch bei Anzaldúa aufscheinen, treten dabei zuweilen hinter der Betonung von Potenzialen kultureller Vermischung zurück. Diese können dann gegen normativ oder funktional motivierte Affirmationen homogener kultureller Gefüge ins Feld geführt werden. Besonders deutlich wird dies bei Salman Rushdie, der die Kontroverse um seinen Roman *Die Satanischen Verse* folgenderweise kommentierte:

> »Jene, die den Roman heute am heftigsten bekämpfen, sind der Meinung, daß ein Vermengen mit anderen Kulturen unweigerlich die eigene Kultur schwächen und ruinieren muß. Ich bin genau der entgegengesetzten Meinung. *Die Satanischen Verse* feiern die Bastardisierung, die durch neue, unerwartete Kombinationen von Menschen, Kulturen, Ideen, politischen Richtungen, Filmen oder Liedern entsteht. Das Buch erfreut sich am Mischen der Rassen und fürchtet den Absolutismus des Reinen. Melange, Mischmasch, ein bißchen von diesem und ein bißchen von jenem, das ist es, wodurch das Neue in die Welt tritt. [...] *Die Satanischen Verse* plädieren für Veränderung durch Fusion, Veränderung durch Vereinigung. Sie sind ein Liebeslied auf unser Bastard-Ich. Während der ganzen Menschengeschichte haben die Apostel der Reinheit, jene, die behaupten, eine hundertprozentige Erklärung zu haben, Verheerendes unter den verwirrten Menschen angerichtet.« (Rushdie 1992, 457 f.)

Der Literaturwissenschaftler Homi Bhabha hat zur Benennung postkolonialer Formen kultureller Unreinheit die Bezeichnung »Hybridität« geprägt, die sich seither als Schlüsselbegriff durch die Veröffentlichungen postkolonialer Autor/innen zieht. Bhabha hat sein zugegebenermaßen sperriges Hybriditätskonzept in verschiedenen Aufsätzen entwickelt, die erstmals während der 1980er und frühen 1990er Jahren publiziert wurden und später in sein Buch *Die Verortung der Kultur* eingegangen sind, das seit geraumer Zeit auch in deutscher Übersetzung vorliegt (Bhabha 2000). Besonders interessant an seinem Konzept ist der Umstand, dass er mit dem Begriff der »Hybridität« nicht lediglich einen Zustand der Vermischung beschreibt, wie es die in der Biologie geläufige Verwendung des Terminus nahelegen könnte, die Kreuzungen unterschiedlicher Pflanzenarten oder Tierrassen bezeichnet. Hybridität ist bei Bhabha vielmehr der Name komplexer kultureller Formationen, die in einer kolonialen und damit einer deutlich hierarchisierten, asymmetrischen Konstellation entstehen und diese Konstellation zugleich destabilisieren.

Ausgangspunkt seiner Überlegungen ist die Diagnose, dass Konzepte homogener Nationalkulturen, ungebrochener Traditionen und quasi-organischer ethnischer Kollektive zunehmend an Plausibilität verlören – und dass daher »eine radikale Revision des Begriffs der menschlichen Gemeinschaft« nötig sei (ebd., 8). In diesem Sinne sollten seiner Ansicht nach die westlichen Metropolen ihrer postkolonialen Geschichte als einem »einheimischen Narrativ« begegnen, d.h. nicht länger so tun, als seien sie davon allenfalls peripher tangiert; zudem gelte es, die »andauernden ›neokolonialen Beziehungen‹ innerhalb der ›neuen‹ Weltordnung und der multinationalen Arbeitsteilung« im Blick zu haben (ebd., 9). Neben diesen geschichts- und geopolitischen Postulaten folgt aus der Einsicht in die Notwendigkeit der Revision überkommener Konzepte von Kollektivität und kultureller

Identität für Bhabha konzeptuell bzw. theoretisch, Kulturen niemals als einheitlich und kulturelle Grenzen damit nicht als gegeben, sondern vielmehr als Felder der Aushandlung von Differenz zu verstehen. Dabei geht er von der an die Sprachphilosophie Jacques Derridas angelehnten Überzeugung aus, dass Bedeutungsproduktion nie schlicht mimetisch und transparent verläuft, sondern im Akt der Interpretation stets Verschiebungen und damit Ambivalenzen erzeugt werden. Bhabha spricht an dieser Stelle vom »Dazwischentreten eines Dritten Raumes der Äußerung«, das den »Spiegel der Repräsentation« zerstöre, welcher kulturelles Wissen gemeinhin als integrierten, offenen Code zeige (ebd., 56). Da nun sämtliche kulturellen Aussagen und Systeme in besagtem ambivalenten Dritten Raum konstruiert würden, werde ersichtlich, weshalb Ansprüche auf die Ursprünglichkeit oder auch die »Reinheit« von Kulturen unhaltbar seien – sie rechneten nicht damit, dass »die Bedeutung und die Symbole von Kultur nicht von allem Anfang an einheitlich und festgelegt sind und daß selbst ein und dieselben Zeichen neu belegt, übersetzt, rehistorisiert und gelesen werden können« (ebd., 57). Bhabha plausibilisiert diese Gedanken am Beispiel des algerischen Befreiungskampfes, in dem das kämpfende Volk die »Kontinuitäten und Konstanten der nationalistischen Tradition, die ein Schutzgitter gegen die koloniale kulturelle Unterjochung boten«, zerstört und dadurch die Freiheit gewonnen habe, seine kulturelle Identität neu zu formieren (ebd.). Dabei habe es dann auf die unterschiedlichsten Referenzpunkte zurückgreifen können, nationale wie solche der westlichen Moderne. Entkoppelt man es von lokalen Kontexten wie jenem des revolutionären Algeriens, so bietet das Konzept des Dritten Raums Bhabha zufolge die Möglichkeit zur Konzeptualisierung einer internationalen Kultur, die »nicht auf der Exotik [...] der Diversität der Kulturen, sondern auf der Einschreibung und Artikulation der Hybridität von Kultur beruht«

– der Hauptanteil kultureller Bedeutungsproduktion liege auch im globalen Maßstab stets im Dazwischen (ebd., 58).

Wenn nun die Bedeutung kultureller Repräsentationen niemals feststeht, sondern immer von deren Rezeption und den hierbei möglichen bzw. sogar wahrscheinlichen Verschiebungen abhängt, folgt daraus, dass auch dem »Text der Autorität« in kolonialen Konstellationen, beispielsweise den von Fanon erwähnten »weißen Büchern«, eine höchstens ambivalente Machtwirkung zugeschrieben werden kann.[37] Denn Bhabha zufolge erzeugen derartige Texte fast zwangsläufig eine Art von Widerstand. Dieser sei allerdings weder notwendig als »politisch motivierter oppositioneller Akt« zu verstehen, noch stelle er schlicht »die Negation oder den Ausschluß des ›Inhalts‹ einer anderen Kultur als einer einmal wahrgenommenen Differenz« dar (ebd., 163). Vielmehr sei er »Resultat einer Ambivalenz, die innerhalb der Erkenntnisregeln der dominanten Diskurse produziert wird« (ebd.). Und es ist diese Konstellation, in der Bhabha die Entstehung und den Einsatz der Hybridität lokalisiert. Er erklärt:

»Hybridität ist das Zeichen der Produktivität der kolonialen Macht, ihrer flottierenden Kräfte und Fixpunkte; sie ist der Name für die strategische Umkehrung des Prozesses der Beherrschung durch Verleugnung (das heißt, der Produktion diskriminatorischer Identitäten, durch die die ›reine‹ und ursprüngliche Identität der Autorität sichergestellt wird). Hybridität ist die Umwertung des Ausgangspunktes kolonialer Identitätsstiftung durch Wiederholung der diskriminatorischen Identitätseffekte. Sie offenbart die notwendige Deformation und De-plazierung sämtlicher Orte von Diskriminierung und Beherrschung. Sie entthront die mimetischen oder narzißtischen Forderungen der kolonialen Macht, führt ihre Identifikationen aber in Strategien der Subversion wieder ein, die den Blick der Diskriminierten zurück auf das Auge der Macht richten. Denn das koloniale Hybride ist die Artikulation des ambivalenten Raumes, in dem der Ritus der Macht am Ort des Begehrens inszeniert wird.« (Ebd., 165)

Hybridität ist damit die Wirkung, der nicht intendierte Effekt kolonialer Macht, denn aus der Ambivalenz des Dritten Raumes entstehe Handlungsfähigkeit und damit Subversionspotenzial – eine Auffassung, mit der sich Bhabha gegen all jene Positionen wendet, die vornehmlich oder sogar ausschließlich die Ausübung kolonialer Autorität oder die Unterdrückung einheimischer Traditionen als besagte Wirkung ausmachen. Zwar bestehe eine gewisse Ähnlichkeit zwischen dem autoritativen Symbol und dem hybriden Objekt. Letzteres sei jedoch in der Lage, die Wissenssysteme der kolonialen Autorität mit Formen indigenen Wissens zu verbinden oder auch mit jenen diskriminierten Untertanen zu konfrontieren, die jene Systeme beherrschen müssen, jedoch nicht repräsentieren können. Die Autorität könne auf diese Weise »mit der Tücke der Anerkennung, ihrer Mimikry, ihrem Hohn« in Schrecken versetzt werden (ebd., 171); oder, mit Fanon gegen Fanon, der nämlich Bhabha zufolge die subversiven Möglichkeiten, die bereits in der Struktur des kolonialen Diskurses angelegt sind, nicht sah: durch »Tarnung, Mimikry, schwarze Häute/weiße Masken« (ebd., 178).

In der deutschsprachigen Rezeption ist Bhabhas Hybriditätskonzept oftmals schlicht im Sinne von Momenten kultureller Vermischung interpretiert worden. Ein Beispiel dafür sind Elisabeth Bronfen und Benjamin Marius, deren 1997 erschienener einflussreicher Sammelband *Hybride Kulturen* neben diversen anderen Texten bereits drei Aufsätze aus der *Verortung der Kultur* enthält. »Hybrid ist alles, was sich einer Vermischung von Traditionslinien oder von Signifikantenketten verdankt, was unterschiedliche Diskurse und Technologien verknüpft, was durch Techniken der *collage*, des *samplings*, des Bastelns zustande gekommen ist«, schreiben sie (Bronfen/Marius 1997, 14). Hybridität komme weniger im »Modell ›Multi-Kulti-Gartenfest‹« zum Ausdruck als in einer »Club-Nacht, in der nationale und (sub-)kulturelle Differenzen als einige unter vielen anderen möglichen produktiv eingesetzt werden können« (ebd., 12). Politisch sei das Modell der Hybridität mithin in erster Linie »gegen Vorstellungen einer autochthonen und homogenen nationalen Kultur« (ebd., 17) sowie gegen gängige Integrationskonzepte gerichtet – denn »an genau welche Kultur und Gesellschaft sollte sich denn etwa ein (vorübergehend?) in die Bundesrepublik migrierter irischer Elektroingenieur oder ein asylsuchender anglo-indischer Intellektueller anpassen? An das französisch beeinflusste Großbürgertum Hamburgs oder besser an die Kanaken-Rap-Kultur der Frankfurter Kinder türkischer Gastarbeiter?« (ebd., 19)

Verglichen mit den Texten von Bhabha selbst bleibt in dieser Lesart die koloniale und damit hierarchische, asymmetrische Grundkonstellation unerwähnt, welche die hybriditätstheoretischen Überlegungen in der *Verortung der Kultur* sowohl rahmt als auch motiviert. Kien Nghi Ha spricht mit Blick auf derartige Rezeptionen deshalb von einer »(wissenschafts-)politischen Missrepräsentation«, bei der für das kritische Potenzial postkolonialer Studien wesentliche »historische Kontexte und politische Positionierungen« verloren zu gehen drohten (Ha 2010, 66). Und in der Tat ist in vielen Theorien kultureller Mestizisierung, Hybridisierung oder Kreolisierung, die methodologisch auf alte und junge Postkolonien bezogen sind, die nichtegalitäre Ausgangsbasis der jeweils thematisierten kulturellen Mischungsprozesse grundlegend. Studieren lässt sich dies bereits bei dem in New York lehrenden Schriftsteller und Literaturwissenschaftler Edward Kamau Brathwaite, der seine hier einschlägigen Überlegungen in einem 1971 erschienenen Buch über die Entwicklung der kreolischen Gesellschaft Jamaikas entwickelt hat. Kreolisierung fasst Brathwaite als sozialen Prozess, der im Zusammenhang von Interaktionen zwischen Individuen und ihrer Umwelt sowie von Interaktionen zwischen unterschiedlichen sozialen

Gruppen, vor allem Schwarzen und Weißen, im Kontext einer tropischen, kolonialen, auf Sklaverei basierenden Plantagengesellschaft stattfindet (Brathwaite 1995, 202 f.). Mit diesem Modell wendet sich Brathwaite gegen die Annahme, die Entstehung der jamaikanischen Gesellschaft wurzele in erster Linie in kulturellen Einflüssen aus dem sogenannten »Mutterland«, d.h. Großbritannien, oder auch in den lokalen Aktivitäten der weißen Kolonialverwaltungselite. Vielmehr sei diese als Effekt vielfältiger Anreiz- und Reaktionsverhältnisse zu verstehen, die sowohl die meist freiwillig eingewanderten Weißen als auch die unfreiwillig eingeschleppten Schwarzen betrafen und die zu zwar oftmals grausamen, zugleich jedoch auch kreativen Reibungen führten.

Die in diesen Prozessen entstehenden Muster der Nachahmung oder Mimikry der Kolonisatoren durch die Kolonisierten, die Bhabha vor allem mit Blick auf das in ihnen liegende Widerstandspotenzial thematisiert hat, sah Brathwaite deutlich negativer. Auf einen Romantitel von V.S. Naipaul verweisend charakterisierte er die Erzeugung von »mimic-men« als »eine der Tragödien der Sklaverei und der Rahmenbedingungen der Kreolisierung« (ebd., 203, Übers. IK). Ferner beklagte er, dass zumindest im jamaikanischen Fall die in der Kreolisierung liegenden kreativen Potenziale kaum genutzt und damit zur Realisierung gebracht worden seien. Die weiße Kolonialelite hat seiner Einschätzung nach verkannt, dass ihre einzige Chance auf ökonomische und gegebenenfalls auch politische Unabhängigkeit in einem Mehr an Kreolisierung gelegen hätte, was wiederum die Abkehr von rassistischen Denkmustern und vor allem das Ende der Sklaverei erfordert hätte. Stattdessen habe sie sich für einen »Bastardmetropolitanismus« entschieden, der später auf die gesamte Gesellschaft ausgedehnt worden sei (ebd., 204, Übers. IK).

Weniger pessimistisch als Brathwaite stellen sich Positionen dar, die Aspekte kollektiver Identitätsformationen vor dem Hintergrund globaler kultureller Rekonfigurationen der letzten Jahrzehnte thematisieren. In Überschneidung mit der Forschungsliteratur zu kulturellen Aspekten der Globalisierung, in der wiederum auf Konzepte und Begriffe aus dem Umfeld der postkolonialen Theorie wie jene der Hybridität und der Kreolisierung rekurriert wird (vgl. z.B. Hannertz 1996, 65-78), stehen hier tatsächlich weniger globale Asymmetrien, die im Bereich des Kulturellen zum Ausdruck kommen, im Mittelpunkt als unterschiedliche Aspekte großflächiger kultureller Vermischung und daraus erwachsende Instabilitäten. Auf die Spitze getrieben wird dies in den Arbeiten des in New York lehrenden Ethnologen Arjun Appadurai, der sich bereits vor geraumer Zeit dafür stark gemacht hat, dass die Analyse globaler Interaktionen nicht weiterhin bei konstanten oder zumindest vermeintlich konstanten kulturellen Entitäten wie Nationen oder Zivilisationen ansetzt, sondern stattdessen globale kulturelle Ströme in den Blick nimmt: *Ethnoscapes*, d.h. Landschaften von Personen (Appadurai 1996, 33). Menschen in Bewegung wie etwa Tourist/innen, Migrant/innen oder auch Flüchtlinge seien ein zentrales Merkmal unserer Zeit. Das heißt nicht, dass es keine relativ stabilen Gemeinschaften mehr geben würde. Doch auch in deren sozialem Gewebe sei »der Kettfaden der Stabilität durchzogen vom Schussfaden der menschlichen Bewegung« (ebd., 33 f., Übers. IK). Globale Machtbeziehungen interessieren Appadurai, der die heutige Welt als großes, aus unterschiedlichen Subsystemen bestehendes interaktives System begreift, dabei tatsächlich wenig. In der gegenwärtigen globalisierten Welt säßen wir alle im selben Boot – mit ubiquitären und in diesem Sinne geteilten Problemen und der zunehmenden Überzeugung, Problemlösungen müssten nicht notwendig aus den »entwickelten« Ländern, sondern könnten von überall her kommen (Hawley/Appadurai 2008, 293).

Inwieweit Appadurais Globalisierungsoptimismus begründet ist und wo seine Grenzen liegen, wird sich in den kommenden Jahrzehnten zeigen müssen – schon jetzt gibt es ja vielfältige Anzeichen dafür, dass die Verflüssigung kultureller Gefüge oftmals Gegenreaktionen in Form von Retraditionalisierungen hervorruft. Interessant ist in jedem Falle die Appadurais Überlegungen zugrunde liegende These, dass aktuelle Globalisierungsphänomene die geostrategischen Konstellationen verändern. Denn sie legt die Frage nahe, welche Auswirkungen dies mittel- und langfristig auf das Nachwirken kolonialer Konfigurationen haben wird. Wenn man davon ausgeht, dass alte Formen der Globalisierung – europäische Expansion und Kolonialismus – und aktuelle Formen der Globalisierung wenigstens partiell unterschiedlichen Logiken folgen, sind Neuformationen und Überlagerungen ebenso denkbar wie die weitere Stabilisierung überkommener Strukturen.

Es ist dann allerdings auch zu erwarten, dass derartige Effekte uneinheitlich ausfallen werden. Spivaks Mahnung, im Zuge postkolonialer Analysen der Gegenwart die Subalternen nicht zu vergessen, könnte dann als Aufforderung verstanden werden, zu bedenken, dass die aktuellen Veränderungen von begrenzter Reichweite sind, dass sie selten alle Kontexte und alle Menschen auf die gleiche Weise betreffen; und ferner als Warnung, dass angesichts der neuen Möglichkeiten und des neuen Glanzes, die gegenwärtige Globalisierungsprozesse zweifelsohne mit sich bringen, die globalen Peripherien und die Schattenseiten besagter Prozesse allzu leicht aus dem Blickfeld geraten – zumindest von einer metropolitanen oder anderweitig privilegierten Position aus. Gesellschaftlicher Wandel folgt kontextspezifischen Logiken, insbesondere in einer von Ungleichheit geprägten Welt. Das gilt auch für Identitäten und für Formen der Kollektivität.

7. Imperiale Politik gestern und heute

Globalisierungsoptimistische Positionen wie jene von Arjun Appadurai, der eher die Chancen und Potenziale transnationaler Verflechtungsprozesse beleuchtet als die mit ihnen einhergehenden Risiken, Machtmechanismen und Verwerfungen, sind im Umfeld postkolonialer Studien wenig verbreitet. Neue Formen globaler Interaktionen werden dort zwar nicht unter Generalverdacht gestellt. Neben den Brüchen und Verschiebungen, die sich im Verhältnis zu alten, überkommenen Formen solcher Interaktionen ergeben, werden dort jedoch auch die Kontinuitäten und Reaktualisierungen thematisiert, die sich heute ausmachen lassen. Dass zu den genannten überkommenen Formen die europäische Expansion der letzten Jahrhunderte und damit der europäische Kolonialismus zählt, muss an dieser Stelle nicht erneut ausgeführt werden. Daran angelehnt werden gegenwärtige Ausprägungen imperialer Politik und Neokolonialismus zum Gegenstand postkolonialer Untersuchungen und Theoretisierungen.

US-Imperialismus und seine Kritik

Besonders markant ist dies in einschlägigen Publikationen aus Lateinamerika; angesichts der starken US-amerikanischen Einflussnahme in der Region, die nicht zufällig immer wieder als »Hinterhof« der USA bezeichnet wird, mag das kaum verwundern.[38] Andreas Eckert spricht in diesem Zusammenhang von einer »quasikolonialen Durchdringung und Beherrschung [...] durch multi-nationale Unternehmen«, deren Interessen bei Bedarf auch militärisch geschützt würden (Eckert 2006, 37). In der lateinamerikanischen Linken ist die Rede vom *imperialismo yanqui* ein geflügeltes Wort.[39] Wie in Kapitel 5 näher ausgeführt, macht Walter Mignolo an diesem Punkt Kontinuitäten der Kolonialität aus: Ihm zufolge lassen sich zentrale Herrschaftslogiken der modernen/kolonialen Welt vom spanischen Kolonialreich über das Britische Empire bis hin zum gegenwärtigen US-Imperialismus verfolgen (Mignolo 2005, 7).

Diese Sichtweise ist nicht unumstritten. Der in New York lehrende Lateinamerika-Historiker Greg Grandin beispielsweise bezeichnet die außenpolitischen Einflussnahmen der USA im Rest der Welt als »neuen Imperialismus«, der sich vom älteren Imperialismus europäischer Prägung darin unterscheide, dass er sich die Verbreitung von Freiheit und Demokratie auf die Fahnen geschrieben habe und anstelle eines großen Reiches eine global möglichst breite Allianz gleichgesinnter souveräner Staaten anstrebe. Lateinamerika wiederum diente Grandin zufolge seit dem 19. Jahrhundert als Labor, als Werkstatt dieser neuen Form des Imperialismus – es fungierte als *Empire's Workshop*, wie sein diesen Zusammenhängen gewidmetes Buch heißt (Grandin 2007).

Dass die proklamierten Ziele dieses neuen Imperialismus auf den ersten Blick durchaus positiv erscheinen mögen, hindert Grandin nicht daran, sowohl dessen tiefere Absichten als auch die mit ihm einhergehenden Maßnahmen und Effekte zu problematisieren. Seine motivationalen Ressourcen beschreibt er als »Zwangsidealismus, Marktfundamentalismus und rechtsgerichtete christliche Mobilmachung« (ebd., 6, Übers. IK). Grandin schätzt die Erfolge dieser aktualisierten Form des Imperialismus als dürftig ein; ihre sozialen Auswirkungen in Lateinamerika seien dessen ungeachtet jedoch fatal. Entsprechend diagnostiziert er eine Kluft zwischen den Ansprüchen, den proklamierten Zielen des neuen Imperialismus und der Wirklichkeit, die dieser in seiner lateinamerikanischen »Werkstatt« erzeugt. Und in dieser Kluft liegt seiner Überzeugung nach auch der Grund dafür, dass Lateinamerika im gegenwärtigen Diskurs um das neue US-Imperium, der stark auf den arabischen Raum konzentriert ist, kaum vorkommt. Die Zustände in der »Werkstatt« stellten die Ideale und Vorstellungen der neuen Imperialisten derart deutlich infrage, dass man sie aus Opportunitätsgründen mit Schweigen belege (ebd., 224).

Wenn in jüngerer Zeit von imperialen Anwandlungen der USA und ihrer Verbündeten die Rede ist, ist der Blick nicht nur in offiziellen Verlautbarungen, sondern auch in kritischen Reflexionen in der Tat meist gen Osten statt Richtung Süden gerichtet. Dies gilt insbesondere seit den Kriegen, die ab den 1990er Jahren und dann vor allem seit dem 11. September 2001 im Irak und in Afghanistan stattgefunden haben. Diese geografische Schwerpunktsetzung spielt auch in den einschlägigen Arbeiten eine wichtige Rolle, die im engeren Umfeld der postkolonialen Studien entstanden sind. Auch hier ist der westliche Imperialismus der Gegenwart mittlerweile ein prominenter Untersuchungsgegenstand.

Eine gewisse Vorreiterrolle kommt dabei Edward Said zu, der schon in seinem Buch *Orientalismus* betont hatte, dass sich die Produktion orientalistischer Diskurse in der zweiten Hälfte des 20. Jahrhunderts deutlich in die USA verlagert habe. In *Kultur und Imperialismus* führte er diese Beobachtung unter Berücksichtigung jüngerer politischer Ereignisse weiter aus; und es ist sicher kein Zufall, dass er dabei einige der Beobachtungen, die sich auch bei Grandin finden, bereits vorweggenommen hat.

Saids Ausführungen zum Imperialismus US-amerikanischer Prägung sind stark empirisch gehalten; Anmerkungen zur politischen Großwetterlage und zur literarischen und essayistischen Kommentierung dieser Lage wechseln sich dabei ab bzw. sind ineinander verwoben. Wie Grandin führt Said zunächst einmal die zahlreichen Interventionen und sonstigen Formen massiver politischer Einflussnahme an, die im Laufe des langen 20. Jahrhunderts von den USA ausgegangen sind (Said 1994, 382f.) – um sogleich zu betonen, wie schnell die Orte derartiger Eingriffe aus dem öffentlichen Interesse verschwinden, sobald die unmittelbaren Aktionen für beendet erklärt sind (ebd., 385). Den Grund hierfür macht Said in der spezifischen Form des US-amerikanischen Imperialismus aus. Anders als etwa die Kolonialmächte Großbritannien und Frankreich hätten die USA nie eine eigene Tradition der exterritorialen direkten Herrschaft etabliert. Das führe dazu, dass die US-amerikanische Außenpolitik schubweise agiere: »massive Rhetorik und gewaltige Ressourcen werden irgendwo verschwenderisch eingesetzt (Vietnam, Libyen, Irak, Panama), worauf dann wenig mehr als Schweigen folgt« (ebd.). In diesem Sinne thematisiert Said auch den Einsatz weicherer Macht- und Einflussfaktoren und nennt hier insbesondere die Entwicklungspolitik samt der sie rahmenden modernisierungstheoretisch fundierten Wissensproduktion – ihr schreibt er in erster Linie negative Effekte zu, nämlich die Entpolitisierung und Schwächung just jener Länder, denen sie eigentlich zugutekommen sollte (ebd., 386f.).

Die mediale Berichterstattung wiederum, die US-amerikanische Interventionen stützt und begleitet, beschreibt Said als kulturimperialistisch (ebd., 387f.). Am Beispiel des zweiten Golfkriegs, der in den Jahren 1991/92 stattfand, problematisiert er, auf welche Weise die Medien hier ein Pseudo-Expertenwissen verbreitet hätten, das sowohl die Existenz vielfältiger historischer Verbindungslinien als auch die lange Tradition der irakischen Hochkultur unterschlagen habe – womit die Zerstörungen, die der westliche Einmarsch nach sich ziehen musste, heruntergespielt worden seien (ebd., 392-395). Die westliche Ignoranz gegenüber der arabischen Welt, die in diesen Momenten zum Ausdruck kommt, werde allerdings gespiegelt durch eine arabische Arroganz dem Westen gegenüber; so gebe es an keiner arabischen Hochschule ein Institut für Amerikanistik. Der Effekt dieser gegenseitigen Ignoranz sind Said zufolge verhärtete Fronten. In ihrer Extremform stellten diese sich so dar, als kämpften »Kommandos eines ungeschlachten Rambos« gegen »arabisch-muslimische Terroristen-Desperados« (ebd., 392).

Die Ursprünge des US-Imperialismus verortet Said in der frühen Kolonialgeschichte des Landes, genauer gesagt in den langen kriegerischen Auseinandersetzungen zwischen weißen Siedlern und Urbevölkerung (ebd., 384). Im öffentlichen Diskurs der USA ist dieses Thema in der Tat kaum existent, und auch im Rahmen der postkolonialen Studien spielen besagte Auseinandersetzungen eine allenfalls untergeordnete Rolle.[40] Zu den Ausnahmen zählen die Arbeiten des Politologen Kevin Bruyneel, der die postkoloniale Politik US-indigener Beziehungen untersucht hat. Als postkolonial bezeichnet Bruyneel die Beziehungen zwischen US-amerikanischem Staat und nordamerikanischen Ureinwohnern, die durch die Geschichte hindurch konfliktiv gewesen sind und stark um Fragen der Staatsbürgerschaft und indigener Selbstbestimmungsrechte kreisten, aus zwei Gründen. Erstens, da mit der Unabhängigkeit der USA eine neue, nämlich eine postkoloniale Phase des Verhältnisses zwischen Staat und indigenen Gruppen begonnen habe: Diese wurden vom Staat zunehmend als innenpolitische statt als fremde Größe angesehen, eher als gesellschaftlich zu integrierende Individuen denn als souveräne Nationen, denen im Modus der Bilateralität zu begegnen ist. Der zweite Grund rührt daher, dass Bruyneel postkoloniale Theorien für besonders geeignet hält, Formen der Grenzziehung als interaktiven, ambivalenten Prozess zu beschreiben. Um in diesem Sinne den politisch umkämpften Status der ihn interessierenden Beziehung angemessen fassen zu können, bezieht er sich auf Homi Bhabhas Überlegungen zum Dritten Raum, aus denen er das Konzept eines »Dritten Raumes der Souveränität« gewinnt. Denn zum einen sei das Verhältnis zwischen Staat und Urbevölkerung durch komplexe Interaktionen bestimmt. Zum anderen zeige sich, dass Autonomiekonzepte, die indigene Gruppen entwickelt und durchzusetzen versucht haben, die Dichotomie zwischen Staatszentriertheit auf der einen Seite und Konzeptionen des Politischen jenseits des Staates auf der anderen Seite transzendieren und damit infrage stellen (Bruyneel 2007, xvii-xix, 222). Eine künftige Ausweitung politischer Kämpfe um zunehmende indigene Flecken auf der politischen Landkarte Nordamerikas hält Bruyneel daher für durchaus erwartbar. Seiner Einschätzung nach werden dies Kämpfe um postkoloniale Regierungsformen sein, welche die heterogene indigene Bevölkerung, US-amerikanische Bundesstaaten, die US-Regierung sowie die Nachbarstaaten Kanada und Mexiko mit ihren eigenen indigenen Gruppen und Kämpfen betreffen und einbeziehen (ebd., 224).

Vergleiche imperialer Herrschaft

Von Bruyneels Studie abgesehen fokussieren die Texte und Sammelwerke zu Ausprägungen imperialer Politik jenseits des europäischen Kolonialismus, die in den letzten Jahren in wenigstens indirekter Verbindung zum Projekt der postkolonialen Theorie erschienen sind, eher Aspekte der Expansion nach außen als Momente der Kolonisierung im Inneren – geografisch beziehen sie sich auf Nordamerika, aber auch auf die Sowjetunion, Japan, China oder generell auf die Effekte der Politik internationaler Organisationen (vgl. z.B. Calhoun/Cooper/Moore 2006; Stoler/McGranahan/Perdue 2007; Randeria/Eckert 2009).[41]

In einem gewissen Sinne lassen sich diese und ähnliche Publikationen als Komplemente zu Gabriele Dietzes Projekt der Okzidentalismuskritik interpretieren, als »Hegemonie(selbst)kritik« (Dietze

2006, 220), etwa wenn betont wird, dass und inwiefern sie eurozentrischen Analysemodellen entgegenwirken wollen, oder auch wenn sie eine kritische Haltung gegenüber der US-amerikanischen Außenpolitik einnehmen. Solche normativen Ansprüche sind jedoch allenfalls der Anfangs- und keinesfalls der Endpunkt der genannten Studien, die von einem deutlichen Interesse geleitet sind, empirisch vergleichend zu untersuchen, wie sinnvoll es ist, unterschiedliche Formen großer Reiche analytisch unter einen gemeinsamen Nenner zu bringen – nicht zuletzt, um entscheiden zu können, inwieweit herkömmliche Modelle imperialer Herrschaft dazu geeignet sind, Muster auch der gegenwärtigen Politik zu erhellen.

Bemerkenswert ist diese Forschung nicht zuletzt deshalb, weil sie den Hauptbezugsrahmen postkolonialer Studien sowohl zeitlich als auch geografisch deutlich ausweitet. In diesem Zuge hinterfragt, dezentriert und provinzialisiert sie auch deren methodologischen Eurozentrismus, ihren deutlichen Fokus auf den europäischen Kolonialismus mit seinen Spätfolgen. Und auch die imperialen Auswüchse der US-Außenpolitik werden globalgeschichtlich kontextualisiert. In den Augen von Jane Burbank und Frederick Cooper, die sich für dieses vergleichsweise neue Feld kritischer vergleichender Imperialismusanalysen u.a. durch ein umfassendes Überblickswerk verdient gemacht haben (Burbank/Cooper 2010), ermöglichen es derartige Untersuchungen, »unser Verständnis für den heutigen Zustand der Welt zu erweitern« und »einen neuen Blick auf die Organisation der politischen Macht in der Vergangenheit, der Gegenwart und vielleicht auch in der Zukunft« zu eröffnen (Burbank/Cooper 2011, 16). Dies gelte etwa hinsichtlich unterschiedlicher Varianten der Differenzpolitik, die historisch gesehen von Formen multikultureller Toleranz bin hin zu Assimilationszwängen und rassentheoretisch legitimierter Segregation reichten. Aus Studien zu den Mittelsleuten, die für jede Form imperialer Herrschaft unentbehrlich, jedoch auch gefährlich gewesen seien, könne sich wiederum eine besondere Sensibiliät für vertikale Beziehungen ergeben. Und auch für eine Beschäftigung mit Nationalstaatlichkeit biete eine Auseinandersetzung mit der Geschichte imperialer Herrschaft neue Impulse: denn die gegenwärtige »Fiktion gleichwertiger Souveränität« und die »Realität der Ungleichheit innerhalb wie zwischen den einzelnen Staaten« ließen sich auf diese Weise als »Folgewirkungen, die sich aus dem Zerfall und der Überwindung der Imperien ergaben«, verstehen (ebd., 17).

Für Fernando Coronil, dessen Überlegungen nun noch abschließend skizziert werden sollen, liegt das Potenzial der imperialismusanalytischen Perspektive darin, dass dabei neben »Imperien jenseits von Europa« auch »Imperien ohne Kolonien« ins Blickfeld rücken (Coronil 2007, 257, 242, Übers. IK) – und damit nicht zuletzt die Lateinamerikapolitik der USA. Coronil verfolgte das Ziel, den Imperialismusbegriff bzw. die gängige Imperialismusforschung neu zu besetzen, und zwar durch eine Analyse der Macht- und Herrschaftseffekte imperialer Formationen für die von ihnen Betroffenen; durch eine »subalternistische Perspektive«, wie er diesen Zugriff selber nannte (ebd., 243). Dabei könne dann zum Beispiel daran erinnert werden, dass der 11. September nicht nur in den USA, sondern auch in Chile ein historisches Schlüsseldatum ist – der 11. September 1973 war jener Tag, an dem die sozialistische Regierung Salvador Allendes im Zuge eines von den USA unterstützten Staatsstreichs abgesetzt wurde und Allende selbst, neben zahlreichen seiner Unterstützer/innen, ums Leben kam.

Coronil hinterfragt im Zuge seines Projekts einer Neubesetzung der Imperialismusforschung nicht zuletzt imperialismustheoretische Grundüberzeugungen marxistischer Provenienz, die den Imperialismus historisch der innereuropäischen Entstehung des Kapitalismus nachordnen. Zu diesem Zweck greift er auf Ansätze globaler Verflechtungen zurück, die nahelegen, dass der Imperialismus nicht lediglich als Resultat expansiver Dynamiken kapitalistischer Gesellschaften, sondern vielmehr als Bedingung ihrer Möglichkeit verstanden werden sollte, da die europäische Wirtschaftsentwicklung, die Anfang des 16. Jahrhunderts einsetzte, kokonstitutiv mit der gleichzeitig anhebenden Etablierung eines Weltmarktes war (ebd., 259). Primäres Ziel seines imperialismusanalytischen Zugriffs ist dabei eindeutig Machtkritik: »was am Ende zählt, ist die Frage, inwiefern uns die Konzepte, die wir verwenden, dabei helfen, Herrschaftsformationen zu verstehen und zu widerstehen« (ebd., 268, Übers. IK).

8. Subversion und Widerstand

Die postkoloniale Theorie ist ein akademisches Projekt – allerdings eines, das sich seit jeher durch eine große, zumindest ideelle Nähe zu politischen Bewegungen auszeichnet. Aus diesem Grund spielen Reflexionen über widerständiges Handeln in postkolonialen Theorien eine wichtige Rolle. Das traf bereits für die Arbeiten jener ihrer Vertreter/innen zu, die selbst antikolonialen Bewegungen angehörten, wie etwa Frantz Fanon, oder die mit solchen Bewegungen wenigstens indirekt in Verbindung standen. Aber auch heute wird noch über Widerstandspotenziale in kolonialen Konstellationen nachgedacht – nicht zuletzt, um daraus Handlungsstrategien für asymmetrische Konstellationen in der Gegenwart zu entwickeln und um Möglichkeiten auszuloten, wie die sozialen und politischen Zumutungen behoben oder wenigstens gemindert werden können, mit denen auch in nachkolonialen Kontexten gerechnet werden muss. Postkoloniale Theoretiker/innen beschränken sich jedoch nicht auf Reflexionen widerständigen Handelns, auf *Theoretisierungen* politischer Praxis. Denn oftmals verstehen sie ihr Theorieschaffen, und zum Teil auch die akademische Lehre, selbst als Praxis: als Intervention in hegemoniale Diskurskonstellationen, als kritischen, widerständigen oder auch subversiven Modus einer entkolonisierenden Wissensproduktion, häufig begleitet von methodologischen Überlegungen zu den Voraussetzungen, den geeigneten Strategien und den Erfolgsaussichten derartiger Formen der Wissenspolitik.

Inhaltlich ist im Zusammenhang postkolonialer politischer Reflexion häufig, wenngleich nicht immer, eine Nähe zu Denkmustern prägend, in denen klare Dichotomisierungen problematisiert und zumindest mittelfristig zu überwinden gesucht werden. Das lässt sich bereits bei Fanon studieren, dessen Engagement in der algerischen Befreiungsbewegung von der Einsicht geprägt war, dass eine erfolgreiche, glückende Dekolonisation die Überwindung des kolonialen Manichäismus erfordere. Und auch zeitgenössische Autor/innen, deren Arbeiten auf die Rolle des Rassismus für die Aufrechterhaltung der kolonialen Ordnung und auf antirassistische Perspektiven für eine bessere Zukunft konzentriert sind, argumentieren in diese Richtung.

Achille Mbembe schließt zu diesem Zweck affirmativ an Fanons Humanismus an und spricht sich für die Etablierung ethischer Gemeinschaften aus, die in der Lage sind, vormalige Differenzlinien zu transzendieren und dadurch letztlich zu verwischen. Auch Paul Gilroy bezieht sich in diesem Zusammenhang auf Fanon. Leitlinie seines im Jahr 2000 erschienenen Buches *Against Race* ist ein postrassisches Verständnis des Menschen, ein »radikal nichtrassischer Humanismus« (Gilroy 2000, 15, Übers. IK), den er u.a. gegen aktuelle Formen schwarzer Kultur und Gemeinschaftlichkeit ins Feld führt; seiner Einschätzung nach beruhten diese nämlich allzu häufig auf quasi-biologischen Solidaritätsmodellen und seien damit auf vielfältige Weise entpolitisiert. Im vier Jahre später veröffentlichten Buch *After Empire* greift er dann auf den Begriff der Konvivialität zurück, um eine politische Vision zu konturieren, die sich am Modell des selbstverständlich gewordenen Zusammenlebens und Interagierens in den heterogenen Kontexten postkolonialer Großstädte orientiert und auf dieser Basis multikulturalistisch motivierte Affirmationen »rassischer« und kultureller Differenzen überwindet. Erfolgsbedingungen für dieses Zukunftsszenario sind Gilroy zufolge eine Auseinandersetzung mit der eigenen kolonialpolitischen Vergangenheit seitens der ehemaligen europäischen Kolonialmächte bzw. deren Nachfolgestaaten und das Eingeständnis, dass aktuelle gesellschaftliche Konflikte im Zusammenhang von Migration und Integration in just dieser Vergangenheit wurzeln und somit nur vor ihrem Horizont verstanden und gelöst werden können (Gilroy 2004, 2f.).[42] Die Herausbildung einer postkolonialen politischen Kultur erfordere daher genaue Analysen der Zusammenhänge, die im Verlauf der Geschichte zwischen Vorstellungen und Konzepten von »Rasse«, Kultur, Zivilisation und Nation konstruiert worden sind, und den Willen, hier gegebenenfalls maßgebliche Revisionen einzuleiten. Außerdem sei die Verwirklichung eines Liberalismus angezeigt, der seinem Namen Ehre macht, indem er seine kolonialen Einlagerungen und Implikationen reflektiert und »rassischen«, ethnischen und nationalen Trennungslinien entgegenwirkt. Rassismus und Antirassismus seien als politische Anliegen zu reformulieren und damit von ihrer gesellschaftlichen Schattenexistenz als Angelegenheit der persönlichen Einstellung oder Haltung zu befreien; die globalen Verflechtungen im Hintergrund der europäischen Moderne seien ins Bewusstsein zu rücken und schließlich sei der Einfluss schwarzer Literatur, Kunst und Musik auf die europäische Alltagskultur anzuerkennen, und zwar einschließlich der bedeutenden Rolle, die eine Hinwendung zu afroamerikanischen Kulturformen für die kulturelle Rekonstitution Europas nach dem Faschismus hatte (ebd., 162). Als wichtigstes Moment dieses Programms qualifiziert Gilroy den Antirassismus, und zwar nicht im Sinne eines Plädoyers für die Wertschätzung kultureller Diversität, sondern als Einsatz gegen die Reifizierung »rassischer« Differenzierungen jedweder Art (ebd., 167). Denn die mächtigsten Kräfte, die der Konvivialität entgegenstehen, seien Rassismus und Nationalismus (vgl. ebd., 112).

So liberal wie die skizzierte Vision Gilroys muten längst nicht alle Positionen an, die im Umfeld postkolonialer Theorien mit Blick auf Wege und Ziele gesellschaftlicher Transformation entwickelt worden sind. Und auch die Identitätspolitik, der Gilroy mit Skepsis begegnet, ist im Kontext postkolonialer Theorien nicht nur problematisiert, sondern auch verteidigt worden. Eine vorsichtige und dezidiert kritische Affirmation hat Gayatri Chakravorty Spivak vorgelegt, die sich für einen »strategischen Essentialismus« ausgesprochen hat – denn es gebe Situationen, in denen der Verzicht auf eine identitätspolitische Argumentations- und Vorgehensweise kontraproduktiv sei. Essentialisierende Effekte hält Spivak bei diesen Strategien allerdings für unvermeidbar. Denn jede Form der politischen Repräsentation einer sozialen Gruppe impliziere notwendig auch ihre symbolische Repräsentation, jeder Akt der Vertretung sei notgedrungen auch ein Akt der Darstellung; und Letzterer sei zwangsläufig eine vereinfachende Abstraktion, gehe also immer mit einem Moment der Essentialisierung einher. Es sei also gar nicht immer möglich, keine Essentialistin zu sein. Allerdings könne man die nicht intendierten Effekte jeder identitätspolitischen Repräsentationsstrategie bedenken und gegebenenfalls versuchen, ihnen entgegenzuwirken (Spivak 1990, 108 f.).

Noch weniger misstrauisch gegenüber Affirmationen minorisierter Gruppenidentitäten als Spivak zeigt sich die in Großbritannien lehrende Literaturwissenschaftlerin Benita Parry, die ihrerseits jede grundsätzlich formulierte Kritik nationalistischer oder auch nativistischer Formen des Widerstands entschieden zurückweist. In positiven Bezugnahmen auf »Gegen-Diskurse« sieht Parry weniger die Gefahr, koloniale Differenzierungsmodi zu reproduzieren, als vielmehr das Potenzial, herrschende Ideologien infrage zu stellen und damit zu deren Destabilisierung beizutragen (Parry 2004, 40). Antikoloniale Formen der Identitätspolitik zeichneten sich dadurch aus, dass sie die Konstruktion kohärenter Identitäten und die Verteidigung indigener Existenzformen gegen ihre Verächtlichmachung erlaubten – und dies sei etwas völlig anderes als der auch in Parrys Augen hoffnungslose Versuch, vermeintlich intakte vorkoloniale Kulturen zu rehabilitieren (ebd., 43). Die grundsätzliche Skepsis gegenüber dem Ideal kohärenter Selbstverhältnisse, die, wie wir wissen, dank Psychoanalyse und Poststrukturalismus im Feld der postkolonialen Theorie vergleichsweise stark verbreitet ist und nicht zuletzt auch das Werk von Spivak prägt, teilt Parry dabei ganz offensichtlich nicht.

Handlungsspielräume kolonisierter, subalterner und minorisierter Individuen in kolonialen und in postkolonialen Konstellationen sind nun nicht ausschließlich im Zusammenhang etablierter Formen der Bewegungspolitik thematisiert worden, die den Horizont der skizzierten Überlegungen von Gilroy, Spivak und Parry bilden, sondern auch jenseits davon: in Überlegungen und Entwürfen, die damit zugleich, wenn auch meist implizit, traditionelle Konzepte des Politischen um Formen des Alltagshandelns erweitert haben. Ein besonderer Stellenwert kommt dabei Strategien der Subversion der kolonialen Ordnung zu. Folgt man Homi Bhabha, dann liegt die Kraft von Hybridität und Mimikry darin, dass sie »durch einen Prozeß der iterativen ›Auftrennung‹ und der aufrührerischen Neuzusammensetzung inkommensurabler Elemente« ihre eigene Autorität bekräftigten (Bhabha 2000, 276). Bhabha spricht in diesem Zusammenhang auch von »schlauer Höflichkeit« bzw. – so eine alternative Übersetzung des englischen Ausdrucks *sly civility* – von »vorgetäuschter Bürgerlichkeit«, von »der Weigerung des Einheimischen, die narrative Forderung des Kolonialherrn zu befriedigen«, wodurch ihm eine gewisse Unberechenbarkeit zuwachse (ebd., 146f.). Dies wiederum erinnert in gewissem Sinne an Shalini Randerias Ausführungen über den »listigen Staat«, der Ähnliches auf der internationalen Ebene praktiziert, zumindest insofern, als auch er in einer asymmetrischen Situation Handlungsspielraum gewinnt, indem er ein verdecktes Spiel spielt.[43] Dennoch stellt sich mit Blick auf Bhabhas Ausführungen die Frage, ob der ihnen zugrunde liegende Optimismus tatsächlich angemessen ist – wenigstens dann, wenn man die von ihm beschriebenen Taktiken mit guten Gründen nicht nur als Überlebensstrategie, sondern auch als politische Handlungsform interpretieren können möchte. Wie lassen sich die politischen Effekte der von Bhabha skizzierten Formen der Subversion bestimmen? Was veranlasst die Einschätzung, der zufolge die subversiven Momente, welche in Strategien der Mimikry liegen, tatsächlich Wirkungen erzielen, die darüber hinausgehen, dass sie den Kolonisierten das Kolonisiertsein erträglich machen? Bhabha selbst begründet die Notwendigkeit einer »Theorie der ›Hybridisierung‹ von Diskurs und Macht« durch Verweis auf die Funktionsprinzipien der kolonialen Herrschaft, welche »die Produktion von Differenzierungen, Individuationen und Identitätseffekten« erfordere, »mittels derer Bevölkerungen qua diskriminatorischer Praktiken als Untertanen definiert werden können, die die sichtbare und transparente Markierung der Macht an sich tragen« – und er beklagt, dass dies »von den Theoretikern, die sich mit dem Kampf um ›Macht‹ beschäftigen, dies aber lediglich als Puristen der Differenz tun, leider außer acht gelassen« werde (ebd., 164). Allerdings bietet er keine schlagkräftigen Argumente dafür, dass ihm selbst wiederum nicht eine Überhöhung des Alltagshandelns unterlaufen könnte und dass die Fokussierung des politischen Interesses auf die subversiven Potenziale der Mimikry am Ende tatsächlich eher der Destabilisierung als der Stabilisierung jener asymmetrischen Machtbeziehungen dient, von denen koloniale und in vielen Hinsichten auch postkoloniale Ordnungen geprägt sind.[44] Vermutlich bedarf es an dieser Stelle genauer empirischer Analysen, welche die Subversionseffekte, die sich aus hybriden Konstellationen ergeben, ebenso wie deren mögliches Ausbleiben Fall für Fall nachvollziehbar machen.

In seinem Buch *Silencing the Past* (Trouillot 1995) hat sich der haitianische Anthropologe Michel-Rolph Trouillot mit Strategien der Beschwichtigung unliebsamer kolonialer Ereignisse und Erfahrungen beschäftigt – sein zentrales Beispiel ist die haitianische Revolution zwischen 1791 und 1804. Trouillot zufolge war diese Revolution bereits für ihre Zeitgenossen in Europa undenkbar, denn sie verstieß gegen damals verbreitete Vorstellungen des erwartbaren Verhaltens der Kolonisierten, für das revolutionäres Handeln analog zu den Ereignissen in Frankreich nicht vorgesehen war. Nach Trouillot wurde die haitianische Revolution jedoch auch in der Folgezeit aus dem historischen Gedächtnis Europas getilgt. Dazu dienten maßgeblich zwei Strategien: die Strategie des Auslöschens und jene der Banalisierung. Entweder kam die Revolution in den Geschichtsbüchern schlicht nicht vor oder sie wurde trivialisiert, etwa indem sie auf externe Einflussfaktoren zurückgeführt wurde oder auch dadurch, dass man ihre jakobinische Programmatik unterschlug (ebd., 95-107). Beide Strategien bedeuteten letztlich, dass man just den Akteuren dieser Revolution die Handlungsfähigkeit absprach.

Im mit Indien befassten Zweig der Geschichtswissenschaft hat sich in Reaktion auf derartige Strategien des Beschweigens die *Subaltern Studies Group* etabliert, eine von Ranajit Guha initiierte Historikergruppe, die seit den frühen 1980er Jahren die *Writings on South Asian History and Society* publiziert und mittlerweile auch in anderen Regionen Nachahmer gefunden und zu Weiterentwicklungen und Adaptionen angeregt hat – beispielsweise in Lateinamerika (Rivera Cusicanqui/Barragán 1997; Rodriguez 2001), der Karibik (Meeks 2007, 46-51) und in Südafrika (Lalu 2008a; 2008b).

Laut Edward Said, der das Vorwort zu den *Selected Subaltern Studies*, einem 1988 erschienenen, von Guha und Gayatri Spivak herausgegebenen Reader mit ausgewählten Texten der Gruppe verfasst hat, war deren Gründungsmotiv nichts weniger als eine neue Historiografie. Da die indische Geschichtsschreibung bis dahin von einer kolonialen, elitistischen Perspektive getragen gewesen sei, obwohl die Geschichte des Landes in weiten Teilen von den subalternen Klassen gemacht wurde, bedürfe es so etwas wie einer Geschichte von unten, einer Geschichtsschreibung, die historische Entwicklungen aus der Sicht der Subalternen erzählt und sich dazu, mangels entsprechenden Materials in den Kolonialarchiven, auch bis dato unkonventioneller historiografischer Methoden wie des Interviews bedient (Said 1899, v f.).

Dass diese neue Historiografie auch eine neue, andere Erzählung subalterner Widerständigkeit umfassen muss, liegt dabei nahezu auf der Hand. So hat Guha mit Bezug auf die etablierte Geschichtsschreibung Indiens ähnliche Beobachtungen gemacht wie später Trouillot mit Blick auf die haitianische Revolution. Er stellte eine Missrepräsentation von Bauernrevolten als spontane, quasi naturwüchsig ausbrechende Ereignisse fest, die verkannte, dass besagten Revolten in der Regel zunächst weniger radikale Versuche der Induzierung politischen Wandels, zumindest jedoch sorgfältige Planungen vorausgingen. Derart verzerrte Darstellungen diagnostizierte er sowohl bei Vertretern der britischen Geschichtswissenschaft, die den indischen Freiheitskampf als Machtkampf zwischen alten, vorkolonialen, und neuen, im Kontext der Kolonialverwaltung gewachsenen indischen Eliten interpretierten, in den die übrigen Bevölkerungsgruppen durch vertikale Patronagelinien eingebunden waren, als auch bei Historikern marxistischer und dependenztheoretischer Provenienz, die einen klaren Interessengegensatz zwischen Kolonisatoren und dem im nationalen Befreiungskampf vereinten indischen Volk konstruierten (Guha 1988a; 1988b, 45-47; vgl. auch Chakrabarty 2010, 20-23). Gegen diese beiden Varianten des historiografischen Elitismus, des kolonialen und des nationalistischen Elitismus, gelte es, »die Politik des Volkes« ins historische Gedächtnis zu rufen. Denn parallel zur Politik der unterschiedlichen Segmente der Elite habe es während der indischen Kolonialzeit eine weitere Politiksphäre gegeben, und zwar eine, deren Hauptakteure zum einen die subalternen Klassen und Gruppen waren, welche die Masse der arbeitenden Bevölkerung konstituierten, zum anderen die Mittelschichten im urbanen und im ländlichen Raum – und damit eben »das Volk« (Guha 1988a, 40, Übers. IK). Laut Dipesh Chakrabarty, der seit den 1980er Jahren zur *Subaltern Studies Group* gehört, umfasst das methodologische Programm der Gruppe vor diesem Hintergrund drei Aspekte: erstens die Betrachtung der »Geschichte der Macht in einer gewissen Unabhängigkeit von allen Universalgeschichten des Kapitals«; zweitens »eine Kritik der Nationen-Form« und drittens schließlich die Hinterfragung der »Beziehung zwischen Macht und Wissen (und damit des Status des Archivs als solchem und der Geschichte als einer Wissensformation)« (Chakrabarty 2010, 25).

Auch außerhalb der Geschichtswissenschaften bemüht man sich seit geraumer Zeit um die Integration postkolonialer Impulse in die akademische Wissensproduktion. Davon verspricht man sich, etablierte Denkmuster herauszufordern und wenn möglich transformieren zu können. Die Ausweitung des Kanons, die Integration vormals vernachlässigter bzw. explizit ausgeschlossener Texte, Perspektiven und Inhalte, ist dabei oft der erste Schritt. In diesem Sinne lässt sich etwa die Auseinandersetzung mit Denkern der Dekolonisation – vor allem Fanon, Afghani, Senghor, Nkrumah, Gandhi, Ho Chi Minh und Guevara – interpretieren, die zwischen den 1960er und 1980er Jahren in der Politischen Theorie stattgefunden hat. Diese Auseinandersetzung mündete nicht zuletzt in einen langen Eintrag in Pipers *Handbuch der politischen Ideen*, nämlich das 1987 erschienene Kapitel »Politische Ideen in der ›Dritten Welt‹ während der Dekolonisation« von Bassam Tibi. Tibi erwähnt dort gleich im ersten Absatz, dass sein Artikel »einen weiteren Fortschritt in der Dekolonisation der Sozialwissenschaften wie auch ein deutsches ›Nachholen‹ des in den westlichen Nachbarländern schon seit langem vollzogenen ›Zur-Kenntnis-Nehmens‹ des nicht-europäischen anderen, d.h. hier auch der politischen Ideen außereuropäischer Völker« darstelle (Tibi 1987, 361). Um den besonderen Stellenwert Europas im außereuropäischen Denken zu charakterisieren, bezieht sich Tibi auf Fanons Diktum einer »Zweiteilung der Welt« als Folge des europäischen Kolonialismus. Außerdem verweist er unter Rekurs auf Norbert Elias auf den wichtigen Stellenwert globaler Verflechtungsmechanismen, Interdependenzen und Konkurrenzen; und schließlich betont er, dass die gängigen ideengeschichtlichen Methoden der Hermeneutik und Ideologiekritik für das Studium politischer Ideen der »Dritten Welt« nicht ausreichten und durch Instrumentarien der Akkulturationsforschung und der Theorien der Internationalen Beziehungen ergänzt werden müssten (ebd., 361-365).[45]

Richtungsweisend ist Tibis Programmatik nicht zuletzt deshalb, weil die »Dekolonisation der Wissenschaften« heute, nach einer längeren Phase der Abstinenz, wieder ein zunehmend für wichtig erachtetes Anliegen ist, in dessen Kontext auch die Frage, welche methodologischen Implikationen mit postkolonialen Zugängen verbunden sind, wieder debattiert wird.

Für die Soziologie impliziert dies nach Ansicht von Julia Reuter und Paula-Irene Villa eine »(Selbst-)Reflexion über die materiell-strukturelle wie symbolisch-kulturelle und metaphorische Ver-Ortung der eigenen soziologischen Praxis« sowie »die Verkomplizierung, Dezentrierung und letztlich Dekonstruktion« zentraler disziplinärer Axiome; als Kernfragen der postkolonialen Soziologie weisen sie die »Konstitution, Konstruktion und Konsumption von Differenz, die Entgegensetzung von Eigentlichem und Deviantem/Anderem, die Komplexität und Prozessualität von sozialen Verortungen und daraus resultierenden ›Stimmen‹ sowie Identitäten« und die unauflösliche Verwobenheit von Kontext und Text aus, als ihren wichtigsten Einsatz die Kritik der teleologischen und universalistischen Momente der soziologischen Modernisierungstheorie (Reuter/Villa 2010, 13, 24).[46]

Als »dekolonialer Ansatz« werden derzeit aber vor allem die eurozentrismuskritischen Arbeiten aus dem Umfeld des *Modernidad/Colonialidad*-Projekts verhandelt, das Mignolo in einer jüngeren Veröffentlichung auch als »das Projekt Modernität/Kolonialität/Dekolonialität« bezeichnet hat (Mignolo 2009, 1). Zentrales Moment für die »dekoloniale Option« (ebd.), eine den Wissensformen der kolonialen Moderne gegenüber alternative Epistemologie, ist für Mignolo das Grenzdenken – »das Außen-Stehen, sich gegen den epistemisch imperialen Rassismus und Patriarchalismus zu stellen, in denen die Regeln des richtigen Wissens, des guten Lebens, der sexuellen und ethnischen Hierarchien, der heterosexuellen Normativität und der weißen Überlegenheit festgelegt werden« (ebd. 3; siehe auch Kapitel 5).

Der ebenfalls dem dekolonialen Ansatz verpflichtete Ramón Grosfoguel fasst dekoloniale Kritik als »Kritik des Eurozentrismus auf Grund von subalternen und unterdrückten Erkenntnissen« (Grosfoguel 2010, 310). Da er dem »geopolitischen und ›körper‹-politischen Standort des sprechenden Subjekts« in der Tradition der Standpunkttheorie einen wichtigen Stellenwert beimisst, den er gegen die allgemein formulierten, jedoch nur vermeintlich neutralen Aussagen der Tradition des westlichen universalistischen Denkens ins Spiel bringt (ebd., 312), birgt in seinen Augen eine »epistemische Perspektive von der subalternen Seite der kolonialen Differenz« (ebd., 309) bzw. »eine epistemologische Perspektive aus einem rassisch/ethnisch subalternen Standpunkt heraus« (ebd., 311) ein besonderes kritisches Potenzial.[47] Eine »Dekolonisierung des Wissens« erfordert seiner Ansicht nach »einen breiteren Kanon des Denkens als einfach nur den westlichen«, ferner einen »kritischen Dialog zwischen unterschiedlichen kritischen epistemologischen/ethischen/politischen Ansätzen, der zu einer pluriversalen anstelle einer universalen Welt führt«, und schließlich, »die epistemologische Perspektive/Kosmologien/Einsichten kritischer Denker aus dem globalen Süden ernst zu nehmen, die aus und mit ›subalternisierten‹ rassischen/ethnischen/sexuellen Räumen und Körpern denken« (ebd., 311). Den Arbeiten der *Subaltern Studies Group* bescheinigt Grosfoguel vor diesem Hintergrund, dass sie »die Radikalität ihrer Kritik am Eurozentrismus« beschnitten hätten, indem sie »auf die westliche Epistemologie zurückgriffen und Gramsci und Foucault den Vorzug gaben« (ebd., 310). Positiver schätzt er das auch von Mignolo stark gemachte Grenzdenken ein sowie den Entwurf der Transmoderne des in Mexiko lehrenden Befreiungsphilosophen Enrique Dussel, der damit das Ziel verfolge, »den im 20. Jahrhundert entstandenen unvollendeten und unvollständigen Plan der Dekolonisation zu Ende zu führen« (ebd., 330).

Dussel unterscheidet einen »ersten« Eurozentrismus, jenen von Autoren wie Hegel und Weber, die von einer endogenen Überlegenheit Europas ausgingen, von einem »zweiten« Typ des Eurozentrismus. Dieser räume zwar ein, dass Europa seine herausragende Stellung nicht ohne äußere Einflussfaktoren (wie etwa das Gold aus Amerika) hätte etablieren können, doch die Blickrichtung sei weiterhin eine dezidiert europäische, von Europa ausgehende. Mit dem Konzept, oder besser: mit der Vision der Transmoderne möchte Dussel auch jenen zweiten Typ des Eurozentrismus überwinden – Transmoderne fasst er dabei als Neuinterpretation der Moderne, die »›von *außen*‹ die zentralen Komponenten der von der Moderne ausgeschlossenen Kulturen affirmiert, um auf dieser Basis eine neue Zivilisation für das einundzwanzigste Jahrhundert zu entwickeln« (Dussel 2002b, 224, Übers. IK). Damit kämen außereuropäische Kulturen, die während der letzten Jahrhunderte gar nicht oder bloß verzerrt im europäischen Blickfeld waren, wieder zu ihrem Recht.

Gegen Dussel ließe sich nun einwenden, dass seine transmoderne Vision eines globalen Multikulturalismus (ebd., 233) die Autonomie differenter Kulturen unterstellt, die wiederum seit geraumer Zeit angezweifelt wird, nicht zuletzt von Autoren wie Arjun Appadurai. Dies scheint allerdings ein Problem der Formulierung *kultureller* Alternativen zum Eurozentrismus zu sein, das kaum zu umgehen ist – die Rehabilitierung des Außereuropäischen ist immer auch eine Konstruktion des Außereuropäischen, auch wenn man, wie Dussel selbst, davon ausgeht, jede Kultur verfüge über einen dauerhaften ethisch-mythischen Kern (ebd., 236).

Dussel hat neben seinem Konzept der Transmoderne, das der Überwindung des Eurozentrismus in kultureller Hinsicht dienen soll, immerhin auch eine Kritik des methodologischen Eurozentrismus in sozioökonomischer Hinsicht vorgelegt. Eine politische Theorie, die postkolonialen Ansprüchen genügen möchte, muss Dussel zufolge »ausgehend von und über die reale Situation unseres Planeten reflektieren«, und dies impliziere das Einnehmen der Perspektive »der verarmten und unterentwickelten Länder der Peripherie, die 85 Prozent unserer Weltgesellschaft ausmachen« (Dussel 2002a, 266, Übers. IK). Dussel kritisiert scharf, dass im zeitgenössischen politischen Denken, vor allem in dessen normativen Varianten, häufig die politischen und sozialen Grundkoordinaten westlicher Industrienationen als gegeben vorausgesetzt werden – zum Beispiel Rechtsstaatlichkeit und Systeme sozialer Grundsicherung. Die Konsequenzen der Abwesenheit dieser Grundkoordinaten, die das Leben des Großteils der Weltbevölkerung prägen, würden dadurch von jeder weiteren Reflexion ausgenommen; die Theorie beschränke sich auf die Reflexion der vergleichsweise privilegierten Lage in der euroatlantischen Welt und bevorzuge prozedurale gegenüber materialen Erwägungen.

Wie auch immer man sich hier entscheiden, welche der genannten Varianten alternativer Wissensproduktion man, wenn überhaupt, auch immer favorisieren mag – ein wichtiges Charakteristikum postkolonialer Zugänge zu Subversion und Widerstand besteht darin, dass die Kritik an der bis dato unzureichenden Dekolonisation auch auf die akademische Praxis angewandt wird, womit eine Vielzahl möglicher Aktionsstrategien konturiert ist, die auch die Arbeit postkolonialer Theoretiker/innen selbst einschließen. Der Umstand, dass keinerlei Konsens darüber herrscht, welche dieser Strategien die am besten geeigneten sind, und zwar weder für die außerakademische noch für die akademische Praxis, könnte dabei auf den ersten Blick als Nachteil anmuten. Auf den zweiten Blick jedoch ist dies nicht weiter erstaunlich, erscheint es als Resultat einer komplexen Problemlage, der mit schlichten Lösungen weder politisch noch theoretisch beizukommen ist und deren Deutung und Kritik aus diesem Grund umstritten ist. Ein Ende der Debatte ist dabei kaum in Sicht, auch wenn man als Einzelne gute Gründe haben mag, spezifische Analysen und Strategien zu favorisieren und konkurrierende Varianten abzulehnen. Aber vermutlich erfordert die Weiterführung der Dekolonisation der Wissenschaften und der Welt sowieso Maßnahmen ganz unterschiedlicher Art. Damit wäre dann ein arbeitsteiliges Vorgehen fast schon nahegelegt, und zwar ungeachtet der Tatsache, dass diese These bestimmt ein gehöriges Maß an nachvollziehbarem relativistischem Unbehagen erzeugt. Zumindest an Möglichkeiten, die Sache in Angriff zu nehmen, mangelt es nicht.

9. Schluss

Postkoloniale Theorien sind ein unübersichtliches Feld, das verschiedene Zugänge und Schwerpunktsetzungen vereint. Dies gilt zunächst für die theoretischen Grundüberzeugungen, methodologischen Vorlieben und die Themenwahl der involvierten Autorinnen und Autoren. Außerdem machen die akademischen Disziplinen einen deutlich unterschiedlichen Gebrauch von postkolonialer Theoriebildung. In einigen Fächern, etwa der Anglistik, sind postkoloniale Ansätze inzwischen fest etabliert; in anderen, zum Beispiel den Sozialwissenschaften, sind sie bislang noch eher randständig. Schließlich lassen sich Differenzen bezogen auf die Sprachen und, daran gekoppelt, die regionalen bzw. nationalen Kontexte ausmachen, in denen postkoloniale Theorien geschrieben, veröffentlicht und diskutiert werden. Ein Großteil aller Texte ist in englischsprachigen Publikationen erschienen, wer in anderen Sprachen schreibt, hat es ungleich schwerer, international überhaupt wahrgenommen zu werden. Dass die postkoloniale Theorie stark von Personen geprägt ist, die fest im akademischen Betrieb der USA verankert sind, ist vor diesem Hintergrund kaum ein Zufall – wenngleich für diesen Umstand sicherlich noch weitere Faktoren eine Rolle spielen. In jedem Falle führt die große Heterogenität innerhalb der postkolonialen Theorie zu nennenswerten Ungleichzeitigkeiten in der Rezeption. Während die Debatte in manchen Ländern, beispielsweise in Deutschland, Italien oder auch Frankreich, erst langsam in Gang kommt, ist andernorts bereits von einer *postcolonial fati-*

gue, einem postkolonialen Ermüdungssyndrom die Rede: die zentralen Fragen seien gestellt, die Antworten erwartbar, die Diskussionen eine Neuauflage von Bekanntem.

»Bevor wir von Postkolonialismusmüdigkeit sprechen, sollten wir vielleicht erst einmal überprüfen, ob alle gleichermaßen darunter leiden«, hat der Historiker Vinay Lal solche Diagnosen kommentiert (Lal 2010, 2, Übers. IK). Die Schriften von Autor/innen wie Said, Spivak und Bhabha mögen in der Anglistik zwar längst kanonisiert sein und an Neuigkeitswert eingebüßt haben. In anderen Fächern jedoch seien sie zum Teil noch nahezu unbekannt – und auch ihren Einfluss in der außerakademischen Welt hält Lal für überschaubar. Postkoloniale Theorien sind demnach weit weniger zum Alltagsgeschäft geworden als die These ihrer Erschöpfung nahelegt. Für Lal Grund genug, sie auf der Agenda zu belassen und sich auch weiterhin mit ihnen zu beschäftigen. Dieser Argumentation kann noch hinzugefügt werden, dass die postkoloniale Theorie kein statisches, auf einige wenige Autor/innen konzentriertes Feld ist, wie Lals Verweis auf Said, Spivak und Bhabha nahelegen könnte, sondern kontinuierlich wächst und damit auch ihre Schwerpunkte verschiebt. So wirft sie fast zwangsläufig immer wieder neue Fragen auf, die wiederum neue Antworten und Diskussionen provozieren.

Die These von der *postcolonial fatigue* stellt vor allem den Neuigkeitswert postkolonialer Theorien infrage. Darüber hinaus ist auch ihr Erkenntniswert grundsätzlich angezweifelt worden. Der auf Afrika spezialisierte französische Politologe Jean-François Bayart etwa hat die postkolonialen Studien in einer im Jahr 2010 erschienenen Polemik pauschal als *carnaval académique*, als akademischen Karneval, bezeichnet, der durch eine Ethnisierung und damit Kulturalisierung aktueller politisch-sozialer Probleme gekennzeichnet sei, den Kolonialismus reifiziere und das komplexe Verhältnis zwischen kolonialem und postkolonialem Moment enthistorisiere. Zudem sei dieses Programm politisch derart zahnlos, dass es ohne weitere Probleme, nämlich ohne nennenswerte Störeffekte, in den wissenschaftlichen Betrieb habe eingebaut werden können (Bayart 2010, 66f.).

In der Debatte, die in Reaktion auf diese Thesen entbrannte, wurde dann mit Nachdruck Bayarts generalisierende und verzerrende Charakterisierung der postkolonialen Studien kritisiert.[48] Und in der Tat liest sich sein eigener Vorschlag zur Untersuchung nachkolonialer Konstellationen eher als mäßig überraschender Beitrag denn als Alternative zur postkolonialen Theorie.[49] »Herr Bayart, willkommen im Feld« – so hat Robert Young entsprechend gekontert (Young 2011, 175, Übers. IK). Ziehe man die Polemik ab, seien Bayarts Überlegungen zu den vielfältigen Modi und zur Reichweite des Kolonialismus durchaus lesenswert – wenngleich weit weniger neu und originell, als der Autor vorgebe. Und auch Bayarts eindeutige Distanzierung von den postkolonialen Studien spreche nicht dagegen, ihn dort einzugemeinden. Bekanntermaßen gehöre es in diesem Forschungsfeld zum guten Ton, sich von ihm abzugrenzen.

Diese These wiederum übernimmt Young von Terry Eagleton, der im Gründungsheft der Zeitschrift *Interventions. International Journal of Postcolonial Studies* verkündet hatte, »alle anständigen postkolonialen Kritiker/innen« betrachteten die Idee des Postkolonialismus mit großer Skepsis, »genauso wie sich in den 1960er Jahren, der Hochzeit des Strukturalismus, kaum ein Strukturalist fand, der sich zu diesem Titel bekannt hätte« (Eagleton 1998, 24, Übers. IK). Eagleton zufolge gibt es eine lange Tradition derartiger Distanzierungen, schon mit Marx und dem Marxismus verhalte es sich nicht anders. Der Postkolonialismus sei nur ein weiteres Exempel in einer langen Reihe vergleichbarer Fälle.

Etwas wohlwollender lassen sich die von Eagleton beobachteten Abgrenzungsstrategien allerdings auch als Symptom für die Unabgeschlossenheit der postkolonialen Theorie interpretieren. Denn in gewisser Weise zeugen sie davon, dass in diesem Theoriefeld immer wieder neu ausgelotet wird, worin angesichts einer unübersichtlichen, komplexen und sich ständig ändernden Weltlage ihre primären Aufgaben bestehen, vor allem dann, wenn sie ihr kritisches Potenzial nicht einbüßen und auf diese Weise tatsächlich Postkolonialismusmüdigkeit auslösen will. Wie in den vorangegangenen Kapiteln ausgeführt wurde, geht es dabei vor allem um zwei Aspekte.

Erstens um die Frage, wo genau der beste gangbare Pfad zwischen Konkretion und Abstraktion, zwischen Detailgenauigkeit mit der Gefahr des mangelnden Blicks für große Machtlinien auf der einen Seite und pointierten Verallgemeinerungen mit der Gefahr der Simplifizierung auf der anderen Seite verläuft. Edward Said hat bereits mit Blick auf seine Untersuchung des euro-atlantischen Orientalismus vermerkt, dass er die Verzerrungen, die sich auf einer zu allgemeinen und auf einer zu speziellen Darstellungsebene ergeben können, genauso fürchte wie die Ungenauigkeiten, die aus »überdogmatischer Verallgemeinerung und überpositivistischer Perspektivverengung« resultieren (Said 2009, 18). Wie wir gesehen haben, werden an diesem Punkt unterschiedliche Wege eingeschlagen – Ann Laura Stoler und Frederick Cooper etwa gehen einen anderen als Walter Mignolo.

Der zweite strittige Aspekt betrifft die Frage, wie die Spätfolgen des europäischen Kolonialismus in der Gegenwart einzuschätzen und zu bestimmen sind. Inwiefern wirken sie weiterhin fort und inwieweit sind sie von anderen transnationalen Machtfaktoren abgelöst, überlagert oder zumindest ergänzt worden? Inwiefern sind heutige Probleme, die eine globale Dimension aufweisen, kolonial induziert, inwieweit sind sie durch funktionale Äquivalente des Kolonialismus, die in nachkolonialer Zeit an Einfluss gewonnen haben, geprägt, und inwieweit sind hier noch ganz andere Faktoren von Bedeutung? Vor dem Hintergrund dieser letztlich empirischen Fragen muss die postkoloniale Theorie sich entscheiden, wie sie ihren Untersuchungs- und Reflexionsgegenstand definiert. Und auch hier herrscht Uneinigkeit, ist umstritten, ob sie eher durch Spezifizierung, eine deutliche Orientierung auf tatsächlich post-*koloniale* Faktoren reagieren sollte, oder ob auch gegenwärtige Reaktualisierungen und Verschiebungen kolonialer Machtverhältnisse dazugehören. Edward Said scheint auf den ersten Blick zur erstgenannten Variante zu tendieren – vor geraumer Zeit betonte er in einem Interview, dass er sich nicht als Vertreter der postkolonialen Studien verstehe, da ihn in erster Linie Neokolonialismus, das Agieren von Internationalem Währungsfonds und Weltbank sowie Strukturen ökonomischer Abhängigkeit und Verarmung interessierten; und dass die Bezeichnung »postkolonial« in diesem Zusammenhang irreführend sei (Said 2002, 2). Auch Achille Mbembe hat in einem Interview seine Texte über die Gegenwart von Postkolonien von postkolonialem Denken abgegrenzt und diese Distanzierung nicht nur zur eigenen Standortbestimmung, sondern auch zur Beantwortung der zweiten Streitfrage genutzt. In den postkolonialen Studien, so Mbembe, gehe es schwerpunktmäßig um Fragen der Identität und der Differenz, und eine zentrale Rolle spielten Aspekte des Widerstands. Er selbst hingegen habe zumindest in seinem Buch über die Postkolonie in erster Linie der Fragilität, der Prekarität und den Brüchen des afrikanischen Alltags nachgespürt; und zwar in einer Konstellation, in der die Feinde nicht mehr die Kolonialherren sind, sondern sich unter den »Brüdern« finden (Mbembe 2008, 11).[50]

Said und Mbembe haben die postkolonialen Studien mit ihren Schriften eher erweitert als verengt – ungeachtet ihrer rhetorischen Abgrenzungsmanöver. Und sie sind nicht die Einzigen. Hält man sich an die Titel einschlägiger Sammelwerke – *Relocating Postcolonialism* (Goldberg/Quayson 2002), *Postcolonial Studies and Beyond* (Loomba et al. 2005) oder auch *The Postcolonial and the Global* (Krishnaswamy/Hawley 2008) –, dann lässt sich sogar eine regelrechte Suchbewegung nach neuen Wegen und Verbindungslinien beobachten. In diesen Bänden geht es darum, die Auswirkungen der unterschiedlichen disziplinären und lokalen Rahmenbedigungen auszuloten, innerhalb derer postkoloniale Studien heute betrieben werden (Goldberg/Quayson 2002, xviii), oder auch darum, die Transformationen nachzuvollziehen, die postkoloniale Positionen in einem weiten Sinne, d.h. jenseits enger Definitionen des Feldes, in unterschiedlichen akademischen Disziplinen angestoßen haben (Loomba et al. 2005, 3); *The Postcolonial and the Global* schließlich ist eine Textsammlung, die postkoloniale Studien und Globalisierungstheorie zusammenführt und nach ihren Schnittstellen sowie ihren Unterschieden befragt. Und selbst Autor/innen, die bislang im Zentrum der postkolonialen Theorie verortet waren wie beispielsweise Dipesh Chakrabarty, wenden sich neuerdings Themen zu, die man auf den ersten Blick für »fachfremd« halten könnte. Bei Chakrabarty ist dies der Klimawandel, den er als globales Krisenphänomen beschreibt, zu dessen Verständnis Globalisierungstheorie, Marxismus, *Subaltern Studies* und postkoloniale Kritik für sich genommen kein geeignetes analytisches Rüstzeug lieferten. Aus diesem Umstand schließt Chakrabarty jedoch nicht, dass die genannten Denktraditionen im Zusammenhang umweltpolitischer Erwägungen irrelevant wären. Vielmehr zieht er sie heran, um die homogenisierenden, von historisch entstandenen Differenzen und Machtverhältnissen absehenden Konzepte der Menschheit als Kollektiv, die im Umfeld der Klimaforschung verwendet werden, zu problematisieren (Chakrabarty 2010, 169-196). Ferner mahnt er an, bei der Entwicklung internationaler Strategien zur Linderung der negativen Auswirkungen des Klimawandels auf Befindlichkeiten Rücksicht zu nehmen, die »aus den antikolonialen Kämpfen in vielen Teilen der Welt« erwachsen sind; aus Erfahrungen mit dem »historischen Eigennutz der westlichen Nationen« resultiere nämlich zuweilen eine grundsätzliche Skepsis gegenüber politischen Maßgaben von globaler Reichweite, die von euro-atlantischen Akteuren formuliert wurden (ebd., 152). Mit diesem Programm wäre dann in der Tat eine neue Verbindung zwischen postkolonialer Theorie und Umweltforschung aufgezeigt.

Führt man sich derartige theoretische und konzeptuelle Entwicklungen vor Augen, wirkt die These einer um sich greifenden postkolonialen *fatigue* nachgerade erstaunlich. Ihre Vertreter/innen scheinen zu übersehen, wie dynamisch das Feld ist, dass es seine Grenzen kontinuierlich ausweitet und dass es eine Fülle von Fragen und Problemen gibt, die gerade auch außerhalb der Literaturwissenschaften eine Bearbeitung aus postkolonialer Perspektive nahelegen. Dass dies deutlich werden konnte, lässt sich dann auch gleich als explizite Stärke der postkolonialen Studien werten. Denn mittlerweile, so möchte ich vorschlagen, lässt sich der Begriff »postkolonial« mehr und mehr als Name einer globalen kritischen Theorie verstehen.[51] Diese zeichnet sich durch mindestens vier Aspekte aus.

Erstens entgehen postkoloniale Theorien dem methodologischen Nationalismus, dem Rekurs auf den Nationalstaat als quasi-natürlichem, nicht weiter hinterfragtem Referenzrahmen, konstitutiv. Denn sie fokussieren stets, und daher selbst dann, wenn sie lokale oder auch einzelne Staaten betreffende Phänomene und Ereignisse in den Mittelpunkt der Betrachtung stellen, globale Konstellationen, sie fragen stets nach den weltgeschichtlichen Hintergründen ihrer Untersuchungs- und Reflexionsgegenstände.

Zweitens sind postkoloniale Theorien nicht nur durch ein deutliches Globalisierungsbewusstsein gekennzeichnet, durch die Einsicht in die Bedeutung transnationaler Verflechtungen und Interaktionen für die Herausbildung und Aufrechterhaltung der Welt, wie wir sie kennen. Darüber hinaus sind sie in besonderem Maße durch Erfahrungen der Peripherie geprägt. Dies führt dazu, dass in ihnen ein besonderes Augenmerk, vielleicht sogar ein besonderes Gespür für die Effekte transnationaler Machtwirkungen zum Tragen kommt. Dieses wiederum ist dienlich für die Kritik dieser Machtwirkungen.

Drittens handelt es sich bei postkolonialen Theorien, wie auch bei von postkolonialen Theorien inspirierten empirischen Untersuchungen, um Unternehmungen mit einem weiten Gegenstandsbereich, der von epistemisch-kulturellen über politische bis hin zu sozio-ökonomischen Fragestellungen reicht und diese zunehmend zu verbinden sucht. Damit sind postkoloniale Theorien und Studien besonders gut geeignet, Brückenschläge und Verbindungen unterschiedlicher Disziplinen und Wissenstraditionen zu organisieren. Zum einen legen sie transdisziplinäre Zugänge und Formen der interdisziplinären Kooperation nahe; zum anderen fordern sie in besonderem Maße zu transnationalen Vergleichen und Interaktionen auf.

Viertens schließlich können postkoloniale Theorien und Studien als normativ bzw. politisch motivierte, engagierte Wissenschaft betrachtet werden. Damit stehen sie nicht nur für Brückenschläge innerhalb der akademischen Welt, sondern auch für Verbindungen zwischen inner- und außerakademischer Wissensproduktion, inner- und außerakademischem Engagement. Dies zeigt sich zunächst einmal dadurch, dass sie stark von Auseinandersetzungen mit antikolonialen Kämpfen und der im Kontext dieser Kämpfe entstandenen Theoriebildung geprägt sind. Darüber hinaus wird die konstatierte Beziehung anhand vielfältiger Bezugnahmen auf postkoloniale Theorien in künstlerischen und bewegungspolitischen Kontexten deutlich.

Dass im Zusammenhang einer solchen globalen kritischen Theorie noch vieles zu leisten ist, liegt auf der Hand; dass eine gute institutionelle Verankerung dazu beiträgt, die postkoloniale Theorie zur Blüte zu treiben, zeigt das Beispiel der Anglistik. Die vielfach konstatierte Heterogenität des Feldes wird mit seiner Ausweitung vermutlich noch weiter zunehmen. Im besten Falle werden sich dabei unterschiedliche Einzelprojekte produktiv ergänzen. Denn dass in den ehemaligen Kolonialmetropolen Europas partiell andere Fragen von zentralem postkolonialem Belang sind als in Postkolonien und dass ein und dieselben Themen (man denke etwa an Zusammenhänge von Kolonialschuld und kollektivem Gedenken) zumindest teilweise auf unterschiedliche Art erörtert werden müssen, ist naheliegend. In Europa wird die postkoloniale Theorie daher allein schon aus historischen Gründen immer einen starken Europabezug aufweisen; während in den Ländern Lateinamerikas, Asiens und Afrikas sowohl Thematisierungen der unterschiedlichsten Süd-Süd-Beziehungen als auch Reflexionen tatsächlich nachkolonialer globaler Machtbeziehungen eine zunehmende Rolle spielen werden. Da in diesem Zusammenhang auch außereuropäischen Akteuren eine große Bedeutung zukommt, wäre dies auch ein Schritt zur Überwindung des zunehmend beklagten Eurozentrismus der postkolonialen Theorie.

Ausgemacht ist es nicht, dass das Feld eine derart positive Entwicklung nehmen wird. Aber möglich ist es. Und darauf kommt es zunächst an.

Dank

Für wertvolle Hinweise zu Detailfragen bin ich Manuela Boatcă, Silvana Carotenuto, Larissa Förster, Marcus Pyka und Oishik Sircar verpflichtet. Für die Lektüre und Kommentierung einzelner Kapitel danke ich Sabine Broeck, José Maurício Domingues, Britta Ohm, Julia Roth und insbesondere Martin Saar. Bei der Literaturbeschaffung und bei den Korrekturen hat mich Saskia Kühn unterstützt; auch ihr sei herzlich gedankt. Die ersten Kapitel konnte ich am *Institut für postkoloniale und transkulturelle Studien* (INPUTS) der Universität Bremen vorstellen; von der anregenden Diskussion dort habe ich in vielen Hinsichten sehr profitiert. Die letzten Kapitel wiederum entstanden während meiner Zeit als *Visiting Fellow* am *Center for Humanities Research* (CHR) der University of the Western Cape; auch die konzentrierte, freundschaftliche Arbeitsatmosphäre und die vielen einschlägigen Gespräche dort waren von unschätzbarem Wert.

Anmerkungen

1 Im deutschen akademischen Kontext hat sich hier besonders die »Gesellschaft für Anglophone Postkoloniale Studien« (GAPS) hervorgetan, ein Fachverband, der neben Wissenschaftler/innen auch Englischlehrer/innen an Schulen vernetzt; siehe www.g-a-p-s.de/about.htm

2 Für überblickshafte Abhandlungen zum deutschen Kolonialismus vgl. Speitkamp (2005), Steinmetz (2007) sowie Conrad (2008).

3 Vgl. hierzu u.a. Karakayali/Osten (2008).

4 Referenzfiguren der empirischen Rassenforschung sowie der Rassentheorie waren in der Regel Männer. Für überblicksartige Analysen des Verhältnisses und der Zusammenhänge zwischen Rassenforschung und moderner Geschlechteranthropologie vgl. Stepan (1990) sowie Schiebinger (1995).

5 Nach Schätzungen von Missionaren, Verwaltungsbeamten und Militärs betrug die Zahl der Herero vor dem Krieg zwischen 35 000 und 100 000. Nach dem Krieg waren es bloß noch zwischen 14 000 und 16 000. Vgl. Krüger (1999, 63 f.) und Kuß (2004, 63).

6 Zur Dekolonisation vgl. ferner Rothermund (2006), Young (2008) sowie die Sammlung von Fallstudien, die Kruke (2009) vorgelegt hat; mit Blick auf Afrika auch Enwezor (2001).

7 Der Begriff der Intersektionalität steht für das Zusammendenken verschiedener Formen von Ungleichheit und findet vor allem in der Geschlechterforschung breite Verwendung. Zum Verhältnis der aktuellen intersektionalitätstheoretischen Diskussion und dem Feld der postkolonialen Studien vgl. Kerner (2010) und Castro Varela/Dhawan (2010).

8 In vielen der auf unorthodoxe Weise marxistisch geprägten postkolonialen Theorien werden explizite Synthesen zwischen Poststrukturalismus und Marxismus, zwischen kulturalistischen und materialistischen Ansätzen versucht. Für derartige Programme stehen nicht zuletzt Autor/innen wie der britische Soziologe und Kulturwissenschaftler

Stuart Hall, Edward Said und Gayatri Chakravorty Spivak; aber auch die Geschlechterforscherin Chandra Talpade Mohanty oder der Anthropologe Fernando Coronil sind hier zu nennen.

9 Für einen Überblick über die englischsprachige Fanon-Rezeption vgl. Gates (1991) sowie die Sammelbände von Gordon/Sharpley-Whiting/White (1996) und Alessandrini (1999); für die aktuellere deutschsprachige Rezeption Wolter (2001); zu Fanons Leben und Werk Cherki (2002).

10 Eine solche Zivilisierungsmission charakterisierte insbesondere den französischen, teilweise auch den britischen Kolonialismus – den deutschen hingegen kaum. Vgl. zu diesen Unterschieden Berman (2003).

11 Zur Thematisierung des Schleiers im zeitgenössischen postkolonialen Feminismus vgl. z.B. Lewis/Mills (2003, 489-609).

12 Für eine entsprechende Auseinandersetzung mit Bezug auf den deutschen Kolonialismus in Westafrika vgl. Apoh/Lundt (2013).

13 Zur Verhandlung der deutsch-namibischen Kolonialgeschichte in der Literatur vgl. Arich-Gerz (2008); für den deutschen Kunstkontext Arndt/Krümmel/Schmidt (2010). Zur kolonialen Erinnerungspolitik in Frankreich vgl. Mollenhauer (2010), Mbembe (2011) sowie die Sammelbände von Coquino (2008) und Bancel et al. (2010).

14 Hall behauptet nicht, dass diese stereotypisierenden Darstellungen in sich einheitlich wären. Vielmehr charakterisiert er sie als dualistisch. Damit ist nicht lediglich der Dualismus gemeint, der zwischen dem Westen und dem Rest der Welt konstruiert wird, durch den die Welt symbolisch in »gut-böse, wir-sie, anziehend-abstoßend, zivilisiert-unzivilisiert, den Westen-den Rest« geteilt wird und durch den alle anderen Unterschiede, die man ausmachen könnte, diskursiv überlagert werden. Sondern auch der im Zuge dieser ersten Dualisierung konstruierte absolute, wesenhafte Andere werde als in sich gespalten, als mit positiven und negativen Merkmalen ausgestattet dargestellt: »Freundlich-feindlich, Arawak-Kariben, unschuldig-verdorben, edel-unedel.« (Hall 1994, 167)

15 Said analysiert orientalistische Diskurse in seiner Studie vor allem mit Bezug auf Frankreich, Großbritannien und – in ihren aktuelleren Varianten – die USA auf der einen Seite und auf den arabischen Raum und den Islam auf der anderen Seite. Er betont jedoch, dass eine lange Tradition des Orientalismus auch bei Deutschen, Russen, Italie-

nern, Spaniern, Portugiesen und Schweizern zu beobachten sei (Said 2009, 9).

16 Ann Laura Stoler hat in ihrem vielbeachteten Buch *Race and the Education of Desire. Foucault's History of Sexuality and the Colonial Order of Things* (Stoler 1995) Foucaults analytische Selbstbeschränkung auf das westliche Abendland hinsichtlich der daraus erwachsenden Implikationen befragt und herausgearbeitet, inwiefern sich zentrale Einsichten aus dem Willen zum Wissen dennoch für kritische Analysen des Kolonialismus verwenden lassen.

17 Die Unterjochungs- und Unterwerfungsmomente solcherart verstandener Subjektivierungsprozesse sollten keinesfalls als einfache Determination missverstanden werden. Foucault denkt Machtbeziehungen als konstitutiv bewegliche Beziehungen, die zudem nie ohne Widerstandspunkte auskommen. Seine in *Subjekt und Macht* skizzierten machtanalytischen Überlegungen zur »Erforschung der Objektivierung des Subjekts« (Foucault 2005, 270) nehmen Widerstände gegen verschiedene Machtformen sogar explizit zum Ausgangspunkt: »[W]enn wir wissen möchten, was Machtbeziehungen sind, müssen wir vielleicht die Widerstände dagegen untersuchen und die Bemühungen, diese Beziehungen aufzulösen« (ebd., 273), erklärt er dort.

18 In zwei weiteren Büchern hat Said seine kritische Orientalismusanalyse erweitert – und die neuen Bücher zusammen mit *Orientalismus* zu einer Trilogie bzw. Serie erklärt (Said 1981: ix). In *The Question of Palestine* (Said 1979) untersucht er die Bedeutung des Zionismus für Palästina. Die besondere Bedeutung Israels für das Judentum im 20. Jahrhundert, dem Jahrhundert des Holocaust, erkennt Said dabei an. Sein Buch ist dem Ziel gewidmet, den jüdischen bzw. den westlich-liberalen Zionismusdiskurs zu ergänzen, und zwar um eine palästinensische Sicht. Aus dieser Sicht stellt sich der Zionismus vor allem als Kolonialismus dar. Indem Said die jüdische bzw. westlich-liberale Perspektive durch seine Gegenerzählung kontrapunktiert, vermag er ein komplexes Bild der israelisch-palästinensischen Lage zu zeichnen und damit ein Bild, das die großen Schwierigkeiten einer politischen Einigung zu erklären hilft. *Covering Islam* (Said 1981) ist eine Analyse der Islam-Repräsentation in westlichen, vor allem US-amerikanischen Massenmedien während der 1970er Jahre, als Ölkrise, iranische Revolution, Iran-Geiselkrise, der Krieg zwischen Iran und Irak

sowie der russische Einmarsch in Afghanistan große Aufmerksamkeit auf den Nahen Osten lenkten. Die Essays des Bandes stellen so etwas wie eine aktualisierte Fortführung der Analyse aus *Orientalismus* dar. Für einen Überblick über dessen akademische Resonanz vgl. MacFie (2000) und Schnepel/Brands/Schönig (2011).

19 Ein von Said mehrfach benanntes Beispiel für eine Pauschalkritik des Westens ist Jalal Ali Ahmads 1978 zunächst auf Persisch erschienenes Buch *Occidentosis: A Plague from the West* (Ahmad 1984), in dem dieser eine Standortbestimmung von Geschichte und Gegenwart der (neo-)kolonialen Welt versucht und dabei, so Said, »den Westen für die meisten Mißstände auf Erden haftbar macht« (Said 1994, 310). Eine positive Würdigung radikal antiwestlichen Denkens stellt Raewyn Connells Buch *Southern Theory* (Connell 2007) dar. Connell widmet Ahmad ein gesamtes Unterkapitel (118-124); interessanterweise ohne den von Said zitierten Titel von dessen wichtigstem Buch zu erwähnen. Connell bezieht sich auf eine andere, auch anders betitelte Ausgabe des Buches und spricht statt von Occidentosis von »Westoxication« bzw. »Weststruckness«. Ahmads Buch nennt sie zumeist bei seinem persischen Namen *Gharbzadegi*.

20 Chakrabarty gehört zu den Begründern der indischen *Subaltern Studies Group*, die sich dem Projekt verschrieben hat, die subalternen Klassen in die offizielle indische Historiografie einzuschreiben. Zum widerständigen Potenzial und den Grenzen dieses Unterfangens siehe ausführlicher Kapitel 7 in diesem Buch.

21 Zur südasiatischen Postnationalismus-Debatte vgl. z.B. das Themenheft 10/2009 der Zeitschrift *Economic and Political Weekly* – Postnationalismus bezeichnet dabei eine Haltung bzw. Form der Sozialkritik, die den emanzipativen Potenzialen, die einstmals mit dem Nationalstaat assoziiert waren, kein Vertrauen mehr entgegenbringt.

22 Für einen Überblick über wichtige empirische Arbeiten im Umfeld des verflechtungsgeschichtlichen Paradigmas vgl. Conrad/Randeria (2002b); weitere soziologische Positionen zu globalen, multiplen und postkolonialen Modernekonzeptionen finden sich bei Boatcă/Spohn (2010). Das in Frankreich entwickelte Konzept der Histoire croisée, der überkreuzten oder verschränkten Geschichte, wird im Kontext postkolonialer Studien bislang kaum rezipiert. Bei der Histoire croisée geht es, ähnlich wie bei Konzepten der verwobenen oder der verbunde-

nen Geschichten, zunächst darum, »die Begrenzungen und Zirkelschlüsse einer nationallastigen Sozialgeschichte [zu] überwinden« (Werner/Zimmermann 2002, 607). Über die genannten konkurrierenden verflechtungsgeschichtlichen Ansätze hinausgehend wird im Rahmen der Histoire croisée zusätzlich beansprucht, unterschiedliche (historiografische) Blickwinkel und Erkenntniszugänge zu kreuzen bzw. miteinander zu konfrontieren; auf diese Weise würden national geprägte Standpunkte relativiert zugunsten von etwas Neuem, das »aus der Interaktion von nationalen oder regionalen und transnationalen Fragestellungen, Konflikten, Regelungen usw.« generiert werde (ebd., 631). Entwickelt wurde das Konzept der Histoire croisée mit Bezug auf historische und epistemologische Verschränkungen innerhalb Europas.

23 Coronil unterscheidet drei unterschiedliche Modi okzidentalistischer Repräsentationen, die er insbesondere anhand der Analyse ethnologischer Arbeiten plausibilisiert. Erstens die Auflösung des Anderen durch das Selbst, d.h. die Auflösung der zunächst konstruierten radikalen Differenz zwischen westlichen und nichtwestlichen Kulturen dadurch, dass Letztere in einen expandierenden und siegreichen (kapitalistischen) Westen integriert werden; zweitens die Einverleibung des Anderen in das Selbst, die sich dadurch äußere, dass im Zuge der Kritik der westlichen Entwicklung die Rolle nichtwestlicher Gesellschaften bei der Herausbildung der modernen Welt heruntergespielt oder verschleiert werde; drittens schließlich die Destabilisierung des Selbst durch den Anderen, wobei hier nichtwestliche Gesellschaften als privilegierte Wissensquelle für den Westen dargestellt würden, um damit Grundannahmen westlicher Kulturen infrage zu stellen – was jedoch damit einhergehe, dass hier doch wieder Kulturen mit interdependenter Geschichte dichotomisiert gegenübergestellt würden (Coronil 2002, 187-209).

24 Für die *Critical Whiteness Studies*-Diskussion im deutschen Sprachraum vgl. Wachendorfer (2001), Wollrad (2005), Kerner (2007), Amesberger/Halbmayr (2008a) und die Sammelbände von Eggers/Kilomba/Piesche/Arndt (2005) sowie von Tißberger/Dietze/Hrzán/Husmann-Kastein (2009); mit Bezug auf postkoloniale Studien auch Kerner (2005).

25 Mignolo übernimmt die Idee der kolonialen Machtmatrix und das Konzept der »Kolonialität der Macht« – in der deutschen Überset-

zung auch der »Herrschaftskolonialität« –, auf das er sich vor allem in seinem Buch *Local Histories/Global Designs* bezieht, von Aníbal Quijano (2000; siehe auch 2010), einem peruanischen Soziologen, der mittlerweile in den USA lehrt. Weitere zentrale Referenzautoren Mignolos sind der Weltsystemtheoretiker Immanuel Wallerstein und der in Mexiko lehrende Philosoph Enrique Dussel. Für einen Überblick über Beteiligte und Schlüsseltexte des *Modernidad/Colonialidad*-Projekts siehe Moraña/Dussel/Jáuregui (2008b); für seine Rezeption in Europa http://decolonial-studies.blogspot.com/.

26 Der brasilianische Soziologe José Maurício Domingues, der Mignolos Schriften einer ausführlichen kritischen Lektüre unterzogen hat, spricht in diesem Zusammenhang von einer reduktionistischen Sicht der Moderne, die lediglich Aspekten der Herrschaft Bedeutung beimesse und auf diese Weise kaum Raum für Ambivalenz lasse; ferner moniert er, dass Mignolo lediglich jenem Denken, das nicht als modern bezeichnet werden kann, irgendeinen positiven Wert für Lateinamerika beimisst (Domingues 2009, 114). Auf ähnliche Weise argumentiert der portugiesische Soziologe Boaventura de Sousa Santos, der am gegenwärtigen lateinamerikanischen postkolonialen Denken (das Mignolo zweifelsfrei einschließt) die Tendenz zur Essentialisierung Europas sowie eine unterkomplexe, wichtige Unterschiede und Spezifika einebnende Thematisierung des Kolonialismus bemängelt (Sousa Santos 2010); wobei zu betonen ist, dass sowohl Domingues als auch de Sousa Santos zentrale kritische Anliegen und Impulse postkolonialer Theorien grundsätzlich gutheißen und auch für ihre eigenen Arbeiten reklamieren. Bei Mignolo kritisieren sie nicht die Stoßrichtung der Argumentation, sondern die ihr inhärenten Vereinfachungen.

27 Wie aus ihren *Methodischen Postulaten zur Frauenforschung* hervorgeht, hat sich Mies (Mies 1984b; und bes. 1984a, 48-51) schon in den späten 1970er Jahren mit dem Problem der asymmetrischen Forschungssituation auseinandergesetzt und Möglichkeiten eruiert, sie auszugleichen: zum Beispiel dadurch, dass die Forscherinnen für die Zeitdauer des Forschungsprozesses die Lebensbedingungen derjenigen teilen, deren Lebenssituation sie zu ergründen suchen, oder dadurch, dass den »Beforschten« die Forschungsergebnisse in ihrer Muttersprache zur Diskussion und zur Verfügung gestellt werden. Mies' Ideal dabei

war eine deutlich parteiliche Forschung, die sich bewusst in feministische Kämpfe integriert und für Forscherinnen wie für Beforschte einen feministischen Bewusstwerdungsprozess anstrebt – ein Ideal, das in der deutschsprachigen Geschlechterforschung heftige Debatten ausgelöst hat (vgl. u.a. beiträge zur feministischen theorie und praxis, Heft 11, 1984). Die Frage, inwiefern Mies' auf den Aspekt der Arbeit konzentrierter Analysefokus womöglich selbst eine zu Reduktionismen führende Vorentscheidung darstellen könnte, reflektiert Mohanty nicht – an diesem Punkt teilt sie Mies' Ökonomismus.

28 In ihrem 2003 erschienenen Buch *Death of a Discipline*, das dem Stand und Zustand der vergleichenden Literaturwissenschaft gewidmet ist, spricht sich Spivak für eine »neue Komparatistik« aus, der sie eine zentrale Rolle für die Entwicklung einer »Politik der Freundschaft im Werden« zuschreibt, welche die dominante »Politik der Feindseligkeit, der Angst und der halbherzigen Lösungen« ablösen soll. Die Komparatistik solle in diesem Szenario dabei helfen, »Zugang zur Performativität von [anderen] Kulturen, die sich in Narrativen äußert«, zu finden, diese Kulturen verstehen zu lernen und mit ihnen zu interagieren (Spivak 2003, 4, 13, Übers. IK).

29 Für die Rezeption von Spivak in postkolonialen Arbeiten im deutschsprachigen Raum vgl. u.a. Gutiérrez Rodríguez (1999), Kerner (1999), Gutiérrez Rodríguez/Steyerl (2003), Castro Varela/Dhawan (2005), Dhawan (2007) sowie – besonders ausführlich – Löw (2009).

30 Für einen Überblick vgl. den *Post-Development Reader* (Rahnema/Bawtree 1997) sowie die *Postkolonialen Perspektiven auf »Entwicklung«* gewidmete Ausgabe 120 der Zeitschrift PERIPHERIE (2010).

31 Für die deutschsprachige Diskussion vgl. hierzu Ha (1999; 2004) sowie die programmatisch betitelten Sammelbände *Spricht die Subalterne deutsch? Migration und postkoloniale Kritik* (Steyerl/Gutiérrez Rodríguez 2003) sowie *re/visionen. Postkoloniale Perspektiven von People of Color auf Rassismus, Kulturpolitik und Widerstand in Deutschland* (Ha/Lauré al-Samarai/Mysorekar 2007).

32 »The problem of the Twentieth Century is the problem of the colorline«, lautet diese zentrale Passage im Original (Du Bois 1996, 1). Für eine ausführliche Darstellung der Theorie Du Bois' vor dem Horizont des politischen Denkens in den USA vgl. Reed (1997).

33 Fanon zufolge hat die »Entfremdung des Schwarzen« neben der genannten Verinnerlichung von Minderwertigkeit eine weitere Ursache, nämlich eine ökonomische. Eine Beseitigung der Entfremdung erfordere daher nicht nur subjektive, sondern auch objektive, materielle Anstrengungen (Fanon 1980, 10). Nötig sei nichts weniger als die »Umstrukturierung der Welt«, eine »Veränderung der sozialen Strukturen« (ebd. 55, 66). Wie wir bereits wissen, schloss sich Fanon wenige Jahre nach Erscheinen von *Schwarze Haut, weiße Masken* dem antikolonialen Widerstand im französisch besetzten Algerien an, ließ seinen Worten in diesem Sinne also Taten folgen; aber auch seine späteren Texte fokussierten zunehmend strukturelle Aspekte kolonialer und postkolonialer Konstellationen.

34 Diese in *The Black Atlantic* noch eher am Rande formulierte Kritik rückt dann in Gilroys Buch *Against Race. Imagining Political Culture beyond the Color Line* (Gilroy 2000), in dem er u.a. gegenwärtigen Kommerzialisierungstendenzen und neuen Formen des Ultranationalismus in der schwarzen Populärkultur nachgeht, stärker in den Mittelpunkt.

35 Für einen Überblick über Hintergründe und Wirkungen von Gilroys Metapher des *Black Atlantic* in Wissenschaft und Kunst vgl. den Katalog zur Ausstellung *Der Black Atlantic*, die 2004 im Berliner Haus der Kulturen der Welt stattgefunden hat (Haus der Kulturen der Welt 2004); für die Rezeption im Kontext der postkolonialen Soziologie vgl. Costa (2007).

36 Dies gilt nicht nur in formaler, sondern auch in dramaturgischer Hinsicht. Anzaldúa beschreibt ihr Buch als mosaikhaft, hybrid, von Assemblage- und Montagetechniken geprägt (Anzaldúa 1987, 66); thematisch reicht es von der Geschichte des US-amerikanischen Südwestens, der diesen Raum prägenden Sprache, Religion und kulturellen Symbolik und der ihm entspringenden Kunst- und Kulturproduktion bis hin zu Erfahrungen der Migration, dem von Verletzlichkeit geprägten politischen und ökonomischen Status der Zugewanderten sowie männlicher Vorherrschaft und Homophobie in der Chicano/a-*Community*.

37 Diese Überzeugung prägt auch Bhabhas Auseinandersetzung mit Edward Saids Buch *Orientalismus*, dem Bhabha eine in Binarismen verfangene Argumentationsstrategie vorhält, die dazu führe, dass die dem orientalistischen Diskurs inhärenten Ambivalenzen aus dem Blickfeld

gerieten. Bhabha zufolge verkennt Said, auf welch komplexe Weise »das Historische und die Phantasie (als die Szene des Verlangens) in der Produktion der ›politischen‹ Effekte des Diskurses artikuliert« sei (Bhabha 2000, 107). Koloniale Stereotype funktionieren Bhabha zufolge stets widersprüchlich – »als Phobie und Fetisch« zugleich (ebd.).

38 Der US-amerikanische Einfluss in Lateinamerika hat eine lange Geschichte. Er reicht von der Besetzung der nördlichen Regionen Mexikos und der Okkupation verschiedener Länder Zentralamerikas und der Karibik im 19. und 20. Jahrhundert über den CIA-gestützten Sturz der demokratischen Regierungen Guatemalas und Chiles in den Jahren 1954 bzw. 1973 bis hin zur Finanzierung des Contra-Kriegs gegen die sandinistische Regierung Nicaraguas in den 1980er Jahren; außerdem schließt er die u.a. von der Weltbank durchgesetzten Strukturanpassungsmaßnahmen der letzten Jahrzehnte ein.

39 Für eine historisierende und damit entkulturalisierende Darstellung des Anti-Amerikanismus in der arabischen Welt vgl. Makdisi (2010).

40 Vgl. in dieser Hinsicht beispielsweise den ansonsten umfassenden und äußerst informativen Einführungsband *Postcolonial Literatures in English* (Döring 2008), der Kapitel über irische, afrikanische, indische, australische, karibische sowie schwarze britische Literatur enthält – und damit nordamerikanische Positionen ausblendet. In Epifanio San Juans Monografie *Beyond Postcolonial Theory* hingegen findet sich zumindest eine kurze Passage über die Texte der US-amerikanischen Schriftstellerin Leslie Marmon Silko (San Juan 1998, 108-112).

41 Eine Ausnahme stellen die im disziplinären Kontext der historischen Anthropologie angesiedelten Arbeiten von Ann Laura Stoler dar. In ihrem gemeinsam mit Frederick Cooper herausgegebenen Band *Tensions of Empire* (Cooper/Stoler 1997) – zu dessen Programmatik siehe bereits Kapitel 3 – stehen Auseinandersetzungen um Praktiken und kulturelle Formationen im Mittelpunkt, die für die Entstehung und Aufrechterhaltung der Ordnung in europäischen Kolonien zentral waren; in ihrem Sammelband *Haunted by Empire* (Stoler 2006) werden ähnliche Fragen mit Bezug auf die nordamerikanische Geschichte verhandelt.

42 Explizit bezieht sich Gilroy in *After Empire* auf Großbritannien, dessen Einwanderungsgeschichte in der Tat eng mit der kolonialpolitischen Vergangenheit des Landes verwoben ist. In der Bundesrepublik

stellt sich die Lage indes etwas anders dar. Erstens verlor Deutschland seine Kolonien bereits zu Beginn des 20. Jahrhunderts, und die Migration aus den deutschen Kolonien in die Metropole hielt sich bis dahin – wie auch später – sehr in Grenzen. Zweitens ist die deutsche Geschichte »rassischer« Differenzierungen nicht nur von kolonialrassistischem, sondern in besonderem Maße auch durch antisemitisches Gedankengut geprägt; und ihr negativer Kulminationspunkt im 20. Jahrhundert, der Holocaust, nimmt aus guten Gründen noch heute einen wichtigen Stellenwert in geschichtspolitischen Reflexionen und im öffentlichen Mahnen und Gedenken ein. Drittens schließlich ist die Anwerbung sogenannter Gastarbeiter ab den 1950er Jahren der vermutlich wichtigste Faktor für die Veränderung der demografischen Konstellation Deutschlands in den vergangenen Jahrzehnten. Diese drei Faktoren sind nun jedoch kein Grund dafür, Gilroys Plädoyer, aktuelle Probleme im Zusammenhang von Migration und Integration vor dem Horizont der Geschichte zu diskutieren, für den deutschen Kontext für irrelevant zu erklären. Dass die britische und die deutsche Rassismusgeschichte der vergangenen Jahrhunderte nicht deckungsgleich war, bedeutet ja weder, dass sie nicht in beiden Fällen prägend gewesen ist, noch, dass sie heute als abgeschlossen und erledigt betrachtet werden könnte.

43 Für eine ausführliche machttheoretische Diskussion derartiger Taktiken und Strategien der Subversion in asymmetrischen Konstellationen vgl. Scott (1990).

44 Anne McClintock sieht in Bhabhas Konzeption von Hybridität und Mimikry die Gefahr eines »Fetischismus der Form«, der Projektion historischer Handlungsfähigkeit auf eine formale Konstellation, die dadurch anthropomorphisiert und zum Interpretationsrahmen aller sozialen Beziehungen würde – wodurch Fragen des historischen Wandels und des politischen Aktivismus, die diesem Rahmen entgehen, dezentriert würden (McClintock 1995, 63 f.). Benita Parry wirft Bhabha sogar vor, den Kolonialismus als Verhandlungssache anstatt als grundsätzlich konfliktiv zu repräsentieren – weshalb sie ihn auch des Revisionismus bezichtigt (Parry 2004, 62).

45 Vgl. zur Dekolonisation als postkolonialer Methodologie auch Edward Said, der in seinem Buch *Orientalismus* allerdings betont, dass es ihm bei diesem Projekt gerade nicht darum ging, ein Denksystem

durch ein neues zu ersetzen, sondern zunächst einmal darum, das orientalistische Denksystem zu untersuchen (Said 2009, 373).

46 Für eine Programmatik der postkolonialen Soziologie, die sich an der in der Disziplin gängigen Unterscheidung einer Makro-, Meso- und Mikroebene orientiert, vgl. Boatcă/Costa (2010).

47 Grosfoguel erklärt zwar dezidiert, dass er zwischen einem epistemischen und einem sozialen Standort unterscheidet und dass die Tatsache, »dass man sich in sozialer Hinsicht auf der unterdrückten Seite der Machtverhältnisse befindet«, nicht automatisch bedeute, »dass man in epistemischer Hinsicht aus einer subalternen Position heraus denkt« (Grosfoguel 2010, 312). Doch er erläutert nicht, was man sich vor diesem Hintergrund unter einem »rassisch/ethnisch subalternen Standpunkt« vorzustellen hat. Er legt allenfalls nahe, dass ein subalterner Denkmodus nicht aus einer »rassisch/ethnisch« majorisierten Position heraus eingenommen werden könne. Die Entkopplung von sozialem und epistemischem Standort könnte daher bedeuten, dass aus einer minorisierten Position nicht automatisch dekoloniales Denken folgt; eine »epistemologische Perspektive aus einem rassisch/ethnisch subalternen Standpunkt heraus« wäre dann möglicherweise, aber nicht notwendig ein geeigneter Ausgangspunkt für alternative Denkmodi.

48 Die Zeitschrift *Public Culture* veröffentlichte im Jahr 2011 eine nur leicht gekürzte englische Übersetzung von Bayarts ursprünglich in Buchform erschienenem Text (Bayart 2011). Sie erschien flankiert von Aufsätzen zum französischen Postkolonialismus von Achille Mbembe (2011) und Ann Laura Stoler (2001) und ergänzt durch eine Reihe von Repliken zu allen drei Positionen. Zur Kritik an Bayarts Darstellung der postkolonialen Studien vgl. hier u.a. Young (2011), Lazreg (2011, 178f.) sowie Khanna (2011, 191).

49 Man solle, so Bayart im Anschluss an Frederick Cooper, den europäischen Kolonialismus im Kontext imperialer Herrschaftsformen betrachten, womit sich der Nationalstaat dann allerdings als Produkt des Niedergangs großer Imperien mit ihren vielfältigen direkten und indirekten Regierungstechniken und weniger als Ausgangspunkt totaler kolonialer Herrschaft darstelle. Weiterhin gelte es, die Interaktionsprozesse einschließlich der dissidenten Praktiken nachzuvollziehen, die an den imperialen Peripherien (und damit auch in den Kolonien) stattgefunden haben. Bei diesem Unterfangen seien die jeweili-

gen gesellschaftlichen Eigengesetzlichkeiten zu berücksichtigen, vor deren Hintergrund die kolonialen Interaktionen sich vollzogen haben; da ihre Bedeutung allerdings variiere, müsse diese Fall für Fall ermittelt werden. Schließlich betont Bayart, dass er dichotomisierende Modelle der Konfrontation zwischen Kolonisatoren und Kolonisierten zur Analyse kolonialer Konstellationen für ungeeignet hält. Die großen Imperien seien nicht nur intern äußerst heterogen gewesen, sondern hätten zudem interagiert – weshalb sich zu ihrer Untersuchung verflechtungsgeschichtliche Ansätze besonders eigneten. Schlussendlich ist Bayart zufolge die Unterstellung reiner Zwangsmechanismen ungeeignet, um die komplexen Techniken kolonialer Machtausübung analytisch zu fassen; denn diese seien auf zumindest partielle Partizipation und daher auf Strategien der Beeinflussung der Selbstführung angewiesen gewesen (Bayart 2010, 67-96).

50 In einer späteren, bearbeiteten Fassung dieses Interviews hat Mbembe die oben beschriebene Charakterisierung der postkolonialen Studien gestrichen; allerdings hat er dort bekräftigt, dass er selbst kein postkolonialer Denker sei (Mbembe 2009, 38).

51 Um Missverständnisse zu vermeiden: hier ist tatsächlich eine globale kritische Theorie »mit kleinem k«, also im weiten Sinne gemeint, und nicht eine Globale Kritische Theorie im engeren Sinne der Frankfurter Schule und ihrer aktuellen Weiterentwicklungen. Auch in diesem Kontext sind jedoch vereinzelte Hinwendungen zur postkolonialen Theorie zu beobachten; im Mittelpunkt stehen dabei häufig Überlegungen zu den Ambivalenzen bzw. der Dialektik der europäischen Moderne und der sie auszeichnenden Denktradition. In diesem Sinne hat sich Thomas McCarthy mit der Rolle rassistischer und imperialer Denkmuster in klassischen Texten der Aufklärung, vor allem bei Kant und Mill auseinandergesetzt (McCarthy 2009); Susan Buck-Morss ist der Frage nachgegangen, welche Rolle die Revolution von Haiti in den Schriften Hegels, vor allem in seinen Überlegungen zur Herr/Knecht-Dialektik spielt (Buck-Morss 2009). Ausgehend von einer postkolonialen Theorieperspektive werden Anknüpfungsmöglichkeiten zur Kritischen Theorie bislang insbesondere bei der ersten Generation der Frankfurter Schule, vor allem bei Adorno und Horkheimer gesehen (vgl. z.B. Mignolo 2000, 108f.; Dussel 2008).

Literatur

Ahmad, Aijaz (1992), In Theory: Classes, Nations, Literatures, London – New York: Verso.

Ahmad, Jalil Ali (1984), Occidentosis: A Plague from the West, Berkeley: Mizan Press.

Alessandrini, Anthony C. (1999), Frantz Fanon: Critical Perspectives, London – New York: Routledge.

Anzaldúa, Gloria (1987), Borderlands/La Frontera: The New Mestiza, San Francisco: Aunt Lute Books.

Apoh, Wazi/Lundt, Bea (Hg.) (2013), Germany and Its West African Colonies, Münster: LIT.

Appadurai, Arjun (1996), Modernity at Large, Minneapolis – London: University of Minnesota Press.

Appiah, Kwame Anthony (1991), Is the Post- in Postmodernism the Post- in Postcolonialism?, in: Critical Inquiry, Jg. 17, Heft 2, S. 337-357.

Arich-Gerz, Bruno (2008), Namibias Postkolonialismen. Texte zu Gegenwart und Vergangenheiten in Südwestafrika, Bielefeld: Aisthesis.

Arndt, Lotte/Krümmel, Clemens/Schmidt, Dierk (Hg.) (2010), The Division of the Earth: Tableaux on the Legal Synopses of the Berlin Africa Conference, Köln: Verlag der Buchhandlung Walther König.

Ashcroft, Bill/Griffiths, Gareth/Tiffin, Helen (1989), The Empire Writes Back: Theory and Practice in Post-Colonial Literatures, London – New York: Routledge.

— (Hg.) (1995), The Post-Colonial Studies Reader, London – New York: Routledge.

Backes, Martina/Goethe, Tina/Günther, Stephan/Magg, Rosaly (Hg.) (2002), Im Handgepäck Rassismus. Beiträge zu Tourismus und Kultur, Freiburg: iz3w.

Bancel, Nicolas/Bernault, Florence/Blanchard, Pascal/Boubeker, Ahmed/Mbembe, Achille/Vergès, Françoise (Hg.) (2010), Ruptures postcoloniales. Les nouveaux visages de la société française, Paris: La Découverte.

Bartolovich, Crystal (2002), Introduction: Marxism, Modernity, and Postcolonial Studies, in: Bartolovich, Crystal/Neil Lazarus (Hg.), Marxism, Modernity and Postcolonial Studies, Cambridge: Cambridge UP, S. 1-17.

Bartolovich, Crystal/Lazarus, Neil (Hg.) (2002), Marxism, Modernity and Postcolonial Studies, Cambridge: Cambridge UP.

Bayart, Jean-François (2010), Les études postcoloniales, un carnaval académique, Paris: Karthala.

— (2011), Postcolonial Studies: A Political Invention of Tradition?, in: Public Culture, Jg. 23, Heft 1, S. 55-84.

Beauvoir, Simone de (1992), Das andere Geschlecht. Sitte und Sexus der Frau, Reinbek: Rowohlt.

Berman, Russell A. (2003), Der ewige Zweite. Deutschlands Sekundärkolonialismus, in: Kundrus, Birthe (Hg.), Phantasiereiche. Zur Kulturgeschichte des deutschen Kolonialismus, Frankfurt/M. – New York: Campus, S. 19-32.

Bhabha, Homi (2000), Die Verortung der Kultur, Tübingen: Stauffenburg.

Bhambra, Gurminder K. (2007), Rethinking Modernity. Postcolonialism and the Sociological Imagination, Basingstoke: Palgrave Macmillan.

Boatcă, Manuela/Costa, Sérgio (2010), Postkoloniale Soziologie: ein Programm, in: Reuter, Julia/Paula-Irene Villa (Hg.), Postkoloniale Soziologie. Empirische Befunde, theoretische Anschlüsse, politische Interventionen, Bielefeld: Transcript, S. 69-90.

Boatcă, Manuela/Spohn, Willfried (Hg.) (2010), Globale, multiple und postkoloniale Modernen, München – Mering: Rainer Hampp.

Böhlke-Itzen, Janntje (2004), Kolonialschuld und Entschädigung. Der deutsche Völkermord an den Herero 1904-1907, Frankfurt/M.: Brandes & Apsel.

Brathwaite, Edward Kamau (1995), Creolization in Jamaica, in: Ashcroft, Bill/Gareth Griffiths/Helen Tiffin (Hg.), The Post-colonial Studies Reader, London – New York: Routledge, S. 202-205.

Bronfen, Elisabeth/Marius, Benjamin (1997), Hybride Kulturen. Einleitung zur anglo-amerikanischen Multikulturalismusdebatte, in: dies.

(Hg.), Hybride Kulturen. Beiträge zur anglo-amerikanischen Multikulturalismusdebatte, Tübingen: Stauffenburg, S. 1-29.
Bruyneel, Kevin (2007), The Third Space of Sovereignty: The Postcolonial Politics of U.S.-Indigenous Relations, Minneapolis – London: University of Minnesota Press.
Buch, Hans Christoph (1976), Die Scheidung von San Domingo. Wie die Negersklaven von Haiti Robbespierre beim Wort nahmen, Berlin: Wagenbach.
Buck-Morss, Susan (2009), Hegel, Haiti, and Universal History, Pittsburgh: University of Pittsburgh Press.
Burbank, Jane/Cooper, Frederick (2010), Empires in World History: Power and the Politics of Difference, Princeton – Oxford: Princeton UP.
— (2011), Was ist ein Imperium? In der Geschichte der Reiche liegt eine Lektion für die Gegenwart, in: Le Monde diplomatique, Heft 12, S. 16-17.
Calhoun, Craig/Cooper, Frederick/Moore, Kevin (Hg.) (2006), Lessons of Empire: Imperial Histories and American Power, New York – London: The New Press.
Carmichael, Stokely/Hamilton, Charles V. (1967), Black Power: The Politics of Liberation in America, New York: Vintage Books.
Carpentier, Alejo (1977), Explosion in der Kathedrale, Frankfurt/M.: Suhrkamp.
Castro Varela, María do Mar/Dhawan, Nikita (2005), Postkoloniale Theorie. Eine kritische Einführung, Bielefeld: Transcript.
— (2010), Mission Impossible: Postkoloniale Theorie im deutschsprachigen Raum?, in: Reuter, Julia/Paula-Irene Villa (Hg.), Postkoloniale Soziologie. Empirische Befunde, theoretische Anschlüsse, politische Interventionen, Bielefeld: Transcript, S. 303-329.
Center for Contemporary Cultural Studies (Hg.) (1982), The Empire Strikes Back. Race and Racism in 70s Britain, London – New York: Routledge.
Chakrabarty, Dipesh (2000), Provincializing Europe: Postcolonial Thought and Historical Difference, Princeton – Oxford: Princeton UP.
— (2010), Europa als Provinz. Perspektiven postkolonialer Geschichtsschreibung, Frankfurt/M. – New York: Campus.
Chambers, Iain (2008), Mediterranean Crossings: The Politics of an Interrupted Modernity, Durham – London: Duke UP.

Cherki, Alice (2002), Frantz Fanon. Ein Porträt, Hamburg: Nautilus.
Childs, Peter/Williams, Patrick (1997), An Introduction to Post-Colonial Theory, Harlow: Pearson Education.
Connell, Raewyn (2007), Southern Theory, Cambridge – Malden/Mass.: Polity.
Conrad, Sebastian (2008), Deutsche Kolonialgeschichte, München: Beck.
Conrad, Sebastian/Eckert, Andreas/Freitag, Ulrike (Hg.) (2007), Globalgeschichte. Theorien, Ansätze, Themen, Frankfurt/M. – New York: Campus.
Conrad, Sebastian/Randeria, Shalini (2002a), Einleitung. Geteilte Geschichten – Europa in der postkolonialen Welt, in: dies. (Hg.), Jenseits des Eurozentrismus. Postkoloniale Perspektiven in den Geschichts- und Kulturwissenschaften, Frankfurt/M. – New York: Campus, S. 9-49.
— (Hg.) (2002b), Jenseits des Eurozentrismus. Postkoloniale Perspektiven in den Geschichts- und Kulturwissenschaften, Frankfurt/M. – New York: Campus.
Conze, Werner/Sommer, Antje (1984), Rasse, in: Brunner, Otto/Werner Conze/Reinhart Koselleck (Hg.), Geschichtliche Grundbegriffe. Historisches Lexikon zur politisch-sozialen Sprache in Deutschland, Stuttgart: Klett, S. 135-178.
Cooper, Frederick (2002), Africa since 1940: The Past of the Present, New York: Cambridge UP.
— (2005), Colonialism in Question: Theory, Knowledge, History, Berkeley – Los Angeles – London: University of California Press.
— (2009), Afrika in der kapitalistischen Welt, in: Randeria, Shalini/Andreas Eckert (Hg.), Vom Imperialismus zum Empire. Nicht-westliche Perspektiven auf Globalisierung, Frankfurt/M.: Suhrkamp, S. 37-73.
Cooper, Frederick/Stoler, Ann Laura (Hg.) (1997), Tensions of Empire: Colonial Cultures in a Bourgeois World, Berkeley – Los Angeles – London: University of California Press.
Coquio, Catherine (2008), Retours du colonial? Disculpation et réhabilitation de l'histoire coloniale, Nantes: L'Atalante.
Coronil, Fernando (1997), The Magical State: Nature, Money, and Modernity in Venezuela, Chicago – London: University of Chicago Press.
— (2002), Jenseits des Okzidentalismus. Unterwegs zu nichtimperialen geohistorischen Kategorien, in: Conrad, Sebastian/Shalini Randeria (Hg.), Jenseits des Eurozentrismus. Postkoloniale Perspektiven in den Ge-

schichts- und Kulturwissenschaften, Frankfurt/M. – New York: Campus, S. 177-218.
— (2004), Latin American Postcolonial Studies and Global Decolonization, in: Lazarus, Neil (Hg.), The Cambridge Companion to Postcolonial Literary Studies, Cambridge: Cambridge UP, S. 221-240.
— (2007), After Empire: Reflections on Imperialism from the Américas, in: Stoler, Ann Laura/Carol McGranahan/Peter C. Perdue (Hg.), Imperial Formations, Santa Fe: SAR Press, S. 241-271.
Costa, Sérgio (2007), Vom Nordatkantik zum »Black Atlantic«. Postkoloniale Konfigurationen und Paradoxien transnationaler Politik, Bielefeld: Transcript.
Dhawan, Nikita (2007), Impossible Speech: On the Politics of Silence and Violence, Sankt Augustin: Academia.
Dietrich, Anette (2007), Weiße Weiblichkeiten. Konstruktionen von »Rasse« und Geschlecht im deutschen Kolonialismus, Bielefeld: Transcript.
Dietze, Gabriele (2006), Critical Whiteness Theory und Kritischer Okzidentalismus. Zwei Figuren hegemonialer Selbstreflexion, in: Tißberger, Martina/Gabriele Dietze/Daniela Hrzán/Jana Husmann-Kastein (Hg.), Weiß – Weißsein – Whiteness: Kritische Studien zu Gender und Rassismus, Frankfurt/M.: Peter Lang, S. 219-247.
— (2009), Okzidentalismuskritik. Möglichkeiten und Grenzen einer Forschungsperspektivierung, in: Dietze, Gabriele/Claudia Brunner/Edith Wenzel (Hg.), Kritik des Okzidentalismus. Transdisziplinäre Beiträge zu (Neo-)Orientalismus und Geschlecht, Bielefeld: Transcript, S. 23-54.
Dirlik, Arif (1994), The Postcolonial Aura: Third World Criticism in the Age of Global Capitalism, in: Critical Inquiry, Jg. 20, Heft 2, S. 328-356.
— (2002), Rethinking Colonialism: Globalization, Postcolonialism, and the Nation, in: Interventions, Jg. 4, Heft 3, S. 428-448.
Dirmoser, Dietmar/Gronemeyer, Marianne/Rakelmann, Georgia A. (Hg.) (1991), Mythos Entwicklungshilfe. Entwicklungsruinen: Analysen und Dossiers zu einem Irrweg, Gießen: Focus.
Domingues, José Maurício (2009), Global Modernization, ›Coloniality‹ and a Critical Sociology for Contemporary Latin America, in: Theory, Culture & Society, Jg. 26, Heft 1, S. 112-133.
Döring, Tobias (2008), Postcolonial Literatures in English, Stuttgart: Klett.

Du Bois, W.E.B. (1996), The Souls of Black Folk, New York: Penguin.
— (2003), Die Seelen der Schwarzen, Freiburg: orange-press.
Dunn, Ross E. (Hg.) (2000), The New World History: A Teacher's Companion, Boston – New York: Bedford St. Martin's.
Dussel, Enrique (2002a), Six Theses Towards a Critique of Political Reason: The Citizen as Political Agent, in: Ingram, David (Hg.), The Political, Malden/Mass.: Blackwell, S. 265-279.
— (2002b), World-System and »Trans«-Modernity, in: Nepantla, Jg. 3, Heft 2, S. 221-244.
— (2008), Philosophy of Liberation: The Postmodern Debate, and Latin American Studies, in: Moraña, Mabel/Enrique Dussel/Carlos Jáuregui (Hg.), Coloniality at Large: Latin America and the Postcolonial Debate, Durham – London: Duke UP, S. 335-349.
Eagleton, Terry (1998), Postcolonialism and ›Postcolonialism‹, in: Interventions, Jg. 1, Heft 1, S. 24-26.
Eckert, Andreas (2006), Kolonialismus, Frankfurt/M.: Fischer.
Eggers, Maureen Maisha/Kilomba, Grada/Piesche, Peggy/Arndt, Susan (Hg.) (2005), Mythen, Masken und Subjekte. Kritische Weißseinsforschung in Deutschland, Münster: Unrast.
Eisenstadt, Shmuel N. (2000), Multiple Modernities, in: Daedalus, Jg. 129, Heft 1, S. 1-29.
Enwezor, Okwui (Hg.) (2001), The Short Century: Independence and Liberation Movements in Africa 1945-1994, München – London – New York: Prestel.
Erler, Brigitte (1985), Tödliche Hilfe. Bericht von meiner letzten Dienstreise in Sachen Entwicklungshilfe, Kirchzarten: Dreisam.
Escobar, Arturo (1995), Encountering Development: The Making and Unmaking of the Third World, Princeton: Princeton UP.
Fanon, Frantz (1969), Aspekte der Algerischen Revolution, Frankfurt/M.: Suhrkamp.
— (1980), Schwarze Haut, weiße Masken, Frankfurt/M.: Syndikat.
— (1981), Die Verdammten dieser Erde, Frankfurt/ M.: Suhrkamp.
Förster, Larissa (2010), Postkoloniale Erinnerungslandschaften. Wie Deutsche und Herero in Namibia des Kriegs von 1904 gedenken, Frankfurt/M. – New York: Campus.
Foucault, Michel (1983), Der Wille zum Wissen. Sexualität und Wahrheit 1, Frankfurt/M.: Suhrkamp.

– (1999), In Verteidigung der Gesellschaft. Vorlesungen am Collège de France (1975-76), Frankfurt/M.: Suhrkamp.
– (2000), Die Ordnung des Diskurses, Frankfurt/M.: Fischer.
– (2002), Schriften in vier Bänden. Dits et Ecrits. Band II. 1970-1975, Frankfurt/M.: Suhrkamp.
– (2005), Schriften in vier Bänden. Dits et Ecrits. Band IV. 1980-1988, Frankfurt/M.: Suhrkamp.
Gates, Henri Louis (1991), Critical Fanonism, in: Critical Inquiry, Jg. 17, Heft 3, S. 457-470.
Geiss, Immanuel (1988), Geschichte des Rassismus, Frankfurt/M.: Suhrkamp.
Gilroy, Paul (1993), The Black Atlantic: Modernity and Double Consciousness, Cambridge/Mass.: Harvard UP.
– (2000), Against Race. Imagining Political Culture beyond the Color Line, Cambridge/Mass.: Harvard UP.
– (2004), After Empire. Melancholia or convivial culture?, London – New York: Routledge.
– (2011), Fanon and the Value of the Human, in: The Johannesburg Salon, Volume 4, S. 7-14 (http://jwtc.org.za/volume_4/paul_gilroy.htm).
Goldberg, David Theo/Quayson, Ato (Hg.) (2002), Relocating Postcolonialism, Oxford – Malden/Mass.: Blackwell.
Gordon, Lewis R./Sharpley-Whiting, T. Denean/White, Renée T. (Hg.) (1996), Fanon: A Critical Reader, Oxford – Cambridge/Mass.: Blackwell.
Gramsci, Antonio (1991 ff.), Gefängnishefte. Kritische Gesamtausgabe, Hamburg – Berlin: Argument.
Grandin, Greg (2007), Empires Workshop: Latin America, the United States, and the Rise of the New Imperialism, New York: Holt.
Grosfoguel, Ramón (2010), Die Dekolonisation der politischen Ökonomie und der postkolonialen Studien: Transmoderne, Grenzdenken und globale Kolonialität, in: Boatcă, Manuela/Willfried Spohn (Hg.), Globale, multiple und postkoloniale Modernen, München – Mering: Rainer Hampp, S. 309-338.
Guha, Ranajit (1988a), On Some Aspects of the Historiography of Colonial India, in: Guha, Ranajit/Gayatri Chakravorty Spivak (Hg.), Selected Subaltern Studies, New York – Oxford: Oxford UP, S. 37-44.

— (1988b), The Prose of Counter-Insurgency, in: Guha, Ranajit/Gayatri Chakravorty Spivak (Hg.), Selected Subaltern Studies, New York – Oxford: Oxford UP, S. 45-86.

Gutiérrez Rodríguez, Encarnación (1999), Intellektuelle Migrantinnen – Subjektivitäten im Zeitalter von Globalisierung: eine postkoloniale dekonstruktive Analyse von Biographien im Spannungsverhältnis von Ethnisierung und Vergeschlechtlichung, Opladen: Leske + Budrich.

Gutiérrez Rodríguez, Encarnación/Costa, Sérgio/Boatcă, Manuela (Hg.) (2010), Decolonizing European Sociology: Transdisciplinary Approaches, Farnham – Burlington: Ashgate.

Gutiérrez Rodríguez, Encarnación/Steyerl, Hito (Hg.) (2003), Spricht die Subalterne deutsch? Migration und postkoloniale Kritik, Münster: Unrast.

Ha, Kien Nghi (1999), Ethnizität und Migration, Münster: Westfälisches Dampfboot.

— (2004), Ethnizität und Migration Reloaded. Kulturelle Identität, Differenz und Hybridität im postkolonialen Diskurs, Berlin: WVB.

— (2010), Unrein und vermischt. Postkoloniale Grenzgänge durch die Kulturgeschichte der Hybridität und der kolonialen »Rassenbastarde«, Bielefeld: Transcript.

Ha, Kien Nghi/Lauré al-Samarai, Nicola/Mysorekar, Sheila (Hg.) (2007), re/visionen. Postkoloniale Perspektiven von People of Color auf Rassismus, Kulturpolitik und Widerstand in Deutschland, Münster: Unrast.

Hall, Stuart (1994), Rassismus und kulturelle Identität. Ausgewählte Schriften 2, Hamburg: Argument.

Hannertz, Ulf (1996), Transnational Connections: Culture, People, Places, London – New York: Routledge.

Haus der Kulturen der Welt (Hg.) (2004), Der Black Atlantic, Berlin: HKW.

Hawley, John C./Appadurai, Arjun (2008), An Interview with Arjun Appadurai, in: Krishnaswamy, Revathi/John C. Hawley (Hg.), The Postcolonial and the Global, Minneapolis – London: University of Minnesota Press, S. 289-294.

Heyden, Ulrich van der/Zeller, Joachim (Hg.) (2002), Kolonialmetropole Berlin. Eine Spurensuche, Berlin: Berlin Edition.

— (Hg.) (2007), Kolonialismus hierzulande. Eine Spurensuche in Deutschland, Erfurt: Sutton.

Hintzen, Percy (2001), Rethinking Democracy in the Postnationalist State, in: Meeks, Brian/Folke Lindahl (Hg.), New Caribbean Thought. A Reader, Kingston: University of the West Indies Press, S. 104-124.

Hirsch, Klaus (1990), Entwicklung – eine Dimension der Kultur, in: Bliss, Frank/Michael Schönhuth (Hg.), Ethnologische Beiträge zur Entwicklungspolitik 2, Bonn: PAS, S. 32-34.

Hobuß, Steffi/Lölke, Ulrich (Hg.) (2007), Erinnern verhandeln. Kolonialismus im kollektiven Gedächtnis Afrikas und Europas, Münster: Westfälisches Dampfboot.

James, C.L.R. (1963), The Black Jacobins: Toussaint L'Ouverture and the San Domingo Revolution, New York: Vintage.

Kapoor, Ilan (2008), The Postcolonial Politics of Development, London – New York: Routledge.

Karakayali, Serhat/Osten, Marion von (2008), This was Tomorrow! Die koloniale Moderne und ihre blinden Flecken, in: transversal.eipcp.net (http://eipcp.net/transversal/0708/karakayalivonosten/de).

Kerner, Ina (1999), Feminismus, Entwicklungszusammenarbeit und postkoloniale Kritik. Eine Analyse von Grundkonzepten des Gender-and-Development Ansatzes, Hamburg: LIT.

— (2005), Forschung jenseits von Schwesternschaft. Zu Feminismus, postkolonialen Theorien und Critical Whiteness Studies, in: Harders, Cilja/ Heike Kahlert/Delia Schindler (Hg.), Forschungsfeld Politik. Geschlechtskategoriale Einführung in die Sozialwissenschaften, Wiesbaden: VS, S. 217-238.

— (2007), Challenges of Critical Whiteness Studies, in: translate.eipcp.net (http://translate.eipcp.net/strands/03/kerner-strands01en).

— (2009), Differenzen und Macht. Zur Anatomie von Rassismus und Sexismus, Frankfurt/M. – New York: Campus.

— (2010), Verhält sich intersektional zu lokal wie postkolonial zu global? Zur Relation von postkolonialen Studien und Intersektionalitätsforschung, in: Reuter, Julia/Paula-Irene Villa (Hg.), Postkoloniale Soziologie. Empirische Befunde, theoretische Anschlüsse, politische Intervention, Bielefeld: Transcript, S. 237-258.

Khanna, Ranjana (2011), Racial France, or the Melancholic Alterity of Postcolonial Studies, in: Public Culture, Jg. 23, Heft 1, S. 191-199.

Kilomba, Grada (2008), Plantation Memories. Episodes of Everyday Racism, Münster: Unrast.

Kleist, Heinrich von (2009/1811), Die Verlobung in St. Domingo, in: ders., Das Erdbeben in Chili und andere Erzählungen, Frankfurt/M.: Fischer.

Krishnaswamy, Revathi/Hawley, John C. (Hg.) (2008), The Postcolonial and the Global, Minneapolis – London: Minnesota UP.

Krüger, Gesine (1999), Kriegsbewältigung und Geschichtsbewußtsein. Realität, Deutung und Verarbeitung des deutschen Kolonialkriegs in Namibia 1904 bis 1907, Göttingen: Vandenhoek und Ruprecht.

Kruke, Anja (Hg.) (2009), Dekolonisation. Prozesse und Verflechtungen 1945-1990, Bonn: Dietz.

Kundrus, Birthe (2003a), Die Kolonien – »Kinder des Gefühls und der Phantasie«, in: dies. (Hg.), Phantasiereiche. Zur Kulturgeschichte des deutschen Kolonialismus, Frankfurt/M. – New York: Campus, S. 7-18.

— (Hg.) (2003b), Phantasiereiche. Zur Kulturgeschichte des deutschen Kolonialismus, Frankfurt/M. – New York: Campus.

— (2003c), Von Windoek nach Nürnberg? Koloniale »Mischehenverbote und die nationalsozialistische Rassengesetzgebung, in: dies. (Hg.), Phantasiereiche. Zur Kulturgeschichte des deutschen Kolonialismus, Frankfurt/M. – New York: Campus, S. 110-131.

— (2008), Entscheidende Unterschiede. Der Genozidbegriff ist wenig hilfreich, in: iz3w, Heft 309, S. 38-39.

Kuß, Susanne (2004), Der Herero-Deutsche Krieg und das deutsche Militär: Kriegsursachen und Kriegsverläufe, in: Förster, Larissa/Dag Henrichsen/Michael Bollig (Hg.), Namibia-Deutschland. Eine geteilte Geschichte. Widerstand – Gewalt – Erinnerung, Wolfratshausen: Edition Minerva, S. 62-77.

Lal, Vinay (2010), The Politics of Culture and Knowledge after Postcolonialism: Nine Theses (and a Prologue), in: Lal Salaam (http://vinalal.wordpress.com/2010/11/28/the-politics-of-culture-and-knowledge-after-postcolonialism-nine-theses-and-a-prologue/).

Lalu, Premesh (2008a), The Deaths of Hintsa: Postapartheid South Africa and the Shape of Recurring Pasts, Cape Town: HSRC Press.

— (2008b), When was South African History ever Postcolonial?, in: Kronos (Belville), Jg. 34, Heft 1, S. 267-281.

Lazarus, Neil (2004a), The Global Dispension since 1945, in: ders. (Hg.), The Cambridge Companion to Postcolonial Literary Studies, Cambridge: Cambridge UP, S. 19-40.

— (2004b), Introducing Postcolonial Studies, in: ders. (Hg.), The Cambridge Companion to Postcolonial Literary Studies, Cambridge: Cambridge UP, S. 1-16.

Lazreg, Marnia (2011), Mirrow, Mirrow, Tell Me Who I Am: Colonial Empire and French Identity, in: Public Culture, Jg. 23, Heft 1, S. 177-189.

Lewis, Reina/Mills, Sara (Hg.) (2003), Feminist Postcolonial Theory: A Reader, New York: Routledge.

Loomba, Ania (2005), Colonialism/Postcolonialism. Second Edition, London – New York: Routledge.

Loomba, Ania/Kaul, Suvir/Bunzl, Matti/Burton, Antoinette/Esty, Jed (Hg.) (2005), Postcolonial Studies and Beyond, Durham – London: Duke UP.

Löw, Christine (2009), Frauen aus der Dritten Welt und Erkenntniskritik? Die postkolonialen Untersuchungen von Gayatri C. Spivak zu Globalisierung und Theorieproduktion, Sulzbach/Ts.: Ulrike Helmer.

MacFie, A. L. (Hg.) (2000), Orientalism: A Reader, Cairo: The American University in Cairo Press.

Makdisi, Ussama (2010), »Anti-Amerikanismus« in der arabischen Welt, in: Kraft, Claudia/Alf Lüdtke/Jürgen Martschukat (Hg.), Kolonialgeschichten. Regionale Perspektiven auf ein globales Phänomen, Frankfurt/M. – New York: Campus, S. 361-391.

Mamdani, Mahmood (1996), Citizen and Subject: Contemporary Africa and the Legacy of Late Colonialism, Princeton: Princeton UP.

Mannoni, Octave (1950), Psychologie de la colonisation, Paris: Seuil.

Mbembe, Achille (2001), On the Postcolony, Berkeley – Los Angeles: University of California Press.

— (2008), What is postcolonial thinking?, in: Eurozine, S. 1-13.

— (2009), Postcolonial Thought Explained to the French, in: The Johannesburg Salon, Volume 1, S. 34-39 (http://www.jwtc.org.za/the_salon/volume_1/achille_mbembe.htm).

— (2011), Provincializing France?, in: Public Culture, Jg. 23, Heft 1, S. 85-119.

McCarthy, Thomas (2009), Race, Empire, and the Idea of Human Development, Cambridge: Cambridge UP.

McClintock, Anne (1992), The Angel of Progress: Pitfalls of the Term »Post-Colonialism«, in: Social Text, Heft 31/32, S. 84-98.

– (1995), Imperial Leather: Race, Gender and Sexuality in the Colonial Context, New York – London: Routledge.
Meeks, Brian (2007), Envisioning Caribbean Futures. Jamaican Perspectives, Kingston: University of the West Indies Press.
Melber, Henning (Hg.) (2005), Genozid und Gedenken. Namibisch-deutsche Geschichte und Gegenwart, Frankfurt/M.: Brandes & Apsel.
Memmi, Albert (1994), Der Kolonisator und der Kolonisierte. Zwei Portraits, Hamburg: eva.
Mies, Maria (1982), The Lace Makers of Narsapur: Indian Housewives Produce for the World Market, London: Zed Books.
– (1984a), Frauenforschung oder feministische Forschung? Die Debatte um feministische Wissenschaft und Methodologie, in: beiträge zur feministischen theorie und praxis, Jg. 7, Heft 11, S. 40-60.
– (1984b), Methodische Postulate zur Frauenforschung, in: beiträge zur feministischen theorie und praxis, Jg. 7, Heft 11, S. 7-25.
Mignolo, Walter (2000), Local Histories/Global Designs. Coloniality, Subaltern Knowledges, and Border Thinking, Princeton: Princeton UP.
– (2005), The Idea of Latin America, Malden/Mass. – Oxford: Blackwell.
– (2009), Grenzdenken und dekoloniale Option, in: Bildpunkt (http://www.linksnet.de/de/artikel/25078), S. 1-5.
Mohanty, Chandra Talpade (1988), Aus westlicher Sicht. Feministische Theorie und koloniale Diskurse, in: beiträge zur feministischen theorie und praxis, Jg. 11, Heft 23, S. 149-162.
– (1998), Arbeiterinnen und die globale Ordnung des Kapitalismus: Herrschaftsideologien, gemeinsame Interessen und Strategien der Solidarität, in: Klingebiel, Ruth/Shalini Randeria (Hg.), Globalisierung aus Frauensicht. Bilanzen und Visionen, Berlin: Dietz, S. 320-344.
– (2003), Feminism Without Borders: Decolonizing Theory, Practicing Solidarity, Durham – London: Duke UP.
Möhle, Heiko (Hg.) (1999), Branntwein, Bibeln und Bananen. Der deutsche Kolonialismus in Afrika – eine Spurensuche in Hamburg, Hamburg: Verlag Libertäre Assoziation.
Mollenhauer, Daniel (2010), Erinnerungspolitik in der postkolonialen Republik – Frankreich und das koloniale Erbe, in: Kraft, Claudia/Alf Lüdtke/Jürgen Martschukat (Hg.), Kolonialgeschichten. Regionale Perspektiven auf ein globales Phänomen, Frankfurt/M. – New York: Campus, S. 117-141.

Moore-Gilbert, Bart (1997), Postcolonial Theory: Contexts, Practices, Politics, London – New York: Verso.

Moraña, Mabel/Dussel, Enrique/Jáuregui, Carlos (2008a), Colonialism and its Replicants, in: dies. (Hg.), Coloniality at Large: Latin America and the Postcolonial Debate, Durham – London: Duke UP, S. 1-20.

— (Hg.) (2008b), Coloniality at Large: Latin America and the Postcolonial Debate, Durham – London: Duke UP.

Mudimbe, V.Y. (1988), The Invention of Africa: Gnosis, Philosophy, and the Order of Knowledge, Bloomington - Indianapolis: Indiana UP.

— (1994), The Idea of Africa, Bloomington – Indianapolis: Indiana UP.

Murphy, David (2007), Materialist Formulations, in: McLeod, John (Hg.), The Routledge Companion to Postcolonial Studies, London – New York: Routledge, S. 181-189.

Nandy, Ashis (2008), Der Intimfeind. Verlust und Wiederaneignung der Persönlichkeit im Kolonialismus, Nettersheim: Graswurzelrevolution.

Narayan, Uma (2001), Kulturen in der Auseinandersetzung – ›Verwestlichung‹, Respekt für Kulturen und Dritte-Welt-Feminstinnen, in: Hobuß, Steffi/Christina Schües/Nina Zimnik/Birgit Hartmann/Iulia Patrut (Hg.), Die andere Hälfte der Globalisierung. Menschenrechte, Ökonomie und Medialität aus feministischer Sicht, Frankfurt/M. – New York: Campus, S. 337-393.

Osterhammel, Jürgen (1995), Kolonialismus. Geschichte – Formen – Folgen, München: Beck.

Parry, Benita (2004), Postcolonial Studies: A Materialist Critique, London – New York: Routledge.

Persram, Nalini (Hg.) (2007), Postcolonialism and Political Theory, Lanham – Plymouth: Lexington.

Procter, James (2007), Culturalist Formulations, in: McLeod, John (Hg.), The Routledge Companion to Postcolonial Studies, London – New York: Routledge, S. 173-180.

Quijano, Aníbal (2000), Coloniality, Eurocentrism, and Social Classification, in: Nepantla, Jg. 1, Heft 3, S. 533-580.

— (2010), Die Paradoxien der eurozentrierten kolonialen Moderne, in: Prokla, Jg. 40, Heft 1, S. 29-47.

Rahnema, Majid/Bawtree, Victoria (Hg.) (1997), The Post-Development Reader, London – New York: Zed Books.

Randeria, Shalini (1999), Geteilte Geschichte und verwobene Moderne, in: Rüsen, Jörn/Hanna Leitgeb/Norbert Jegelka (Hg.), Zukunftsentwürfe. Ideen für eine Kultur der Veränderung, Frankfurt/M. – New York: Campus, S. 87-96.
— (2006), Rechtspluralismus und überlappende Souveränitäten: Globalisierung und der »listige Staat« in Indien, in: Soziale Welt, Jg. 57, S. 229-258.
Randeria, Shalini/Eckert, Andreas (Hg.) (2009), Vom Imperialismus zum Empire, Frankfurt/M.: Suhrkamp.
Reed, Adolph L. (1997), W.E.B. Du Bois and American Political Thought: Fabianism and the Color Line, New York – Oxford: Oxford UP.
Reinhard, Wolfgang (2010), Kolonialgeschichtliche Probleme und kolonialhistorische Konzepte, in: Kraft, Claudia/Alf Lüdtke/Jürgen Martschukat (Hg.), Kolonialgeschichten. Regionale Perspektiven auf ein glo bales Phänomen, Frankfurt/M. – New York: Campus, S. 67-91.
Reuter, Julia/Villa, Paula-Irene (Hg.) (2010a), Postkoloniale Soziologie. Empirische Befunde, theoretische Anschlüsse, politische Interventionen, Bielefeld: Transcript.
— (2010b), Provincializing Soziologie. Postkoloniale Theorie als Herausforderung, in: dies. (Hg.), Postkoloniale Soziologie. Empirische Befunde, theoretische Anschlüsse, politische Interventionen, Bielefeld: Transcript, S. 11-46.
Rivera Cusicanqui, Silvia /Barragán, Rossana (Hg.) (1997), Debates Post Coloniales: Una Introducción a los Estudios de la Subalternidad, La Paz: Sephis – Aruwiyiri.
Rodríguez, Ileana (Hg.) (2001), The Latin American Subaltern Studies Reader, Durham – London: Duke UP.
Rothermund, Dietmar (2006), The Routledge Companion to Decolonization, London – New York: Routledge.
Rushdie, Salman (1992), Heimatländer der Phantasie. Essays und Kritiken 1981-1992, München: Kindler.
Ryan, Selwyn (2001), Democratic Governance in the Anglophone Caribbean, in: Meeks, Brian/Folke Lindahl (Hg.), New Caribbean Thought: A Reader, Kingston: University of the West Indies Press, S. 73-103.
Sachs, Wolfgang (Hg.) (1993), Wie im Westen, so auf Erden. Ein polemisches Handbuch zur Entwicklungspolitik, Reinbek: Rowohlt.

Said, Edward (1899), Foreword, in: Guha, Ranajit/Gayatri Chakravorty Spivak (Hg.), Selected Subaltern Studies, New York – Oxford: Oxford UP, S. v-x.
— (1979), The Question of Palestine, New York: Random House.
— (1981), Covering Islam, New York: Random House.
— (1994), Kultur und Imperialismus, Frankfurt/M.: Fischer.
— (2002), In Conversation with Neeladri Bhattacharya, Suvir Kaul, and Ania Loomba, in: Goldberg, David Theo/Ato Quayson (Hg.), Relocating Postcolonialism, Oxford – Malden/Mass.: Blackwell, S. 1-14.
— (2003), Freud and the Non-European, London – New York: Verso.
— (2009), Orientalismus, Frankfurt/M.: Fischer.
San Juan, Epifanio Jr. (1998), Beyond Postcolonial Theory, New York: St. Martin's Press.
Schiebinger, Londa (1995), Am Busen der Natur. Erkenntnis und Geschlecht in den Anfängen der Wissenschaft, Stuttgart: Klett-Cotta.
Schnepel, Burkhard/Brands, Gunnar/Schönig, Hanne (Hg.) (2011), Orient – Orientalistik – Orientalismus. Geschichte und Aktualität einer Debatte, Bielefeld: Transcript.
Scott, James C. (1990), Domination and the Arts of Resistance: Hidden Transcripts, New Haven – London: Yale UP.
Seghers, Anna (1962), Die Hochzeit von Haiti, in: dies., Karibische Geschichten, Berlin: Aufbau.
Sousa Santos, Boaventura de (2010), From the Postmodern to the Postcolonial – and Beyond Both, in: Gutiérrez Rodríguez, Encarnación/ Manuela Boatcă /Sérgio Costa (Hg.), Decolonizing European Sociology: Transdisciplinary Approaches, Farnham – Burlington: Ashgate, S. 225-242.
Speitkamp, Winfried (2005), Deutsche Kolonialgeschichte, Stuttgart: Reclam.
Spivak, Gayatri Chakravorty (1988), In Other Worlds: Essays in Cultural Politics, London – New York: Routledge.
— (1990), The Post-Colonial Critic: Interviews, Strategies, Dialogues, London – New York: Routledge.
— (1993), Outside the Teaching Machine, London – New York: Routledge.
— (1996a), Bonding in Difference. Interview with Alfred Artega, in: Landry, Donna/Gerald MacLean (Hg.), The Spivak Reader, London – New York: Routledge, S. 15-28.

– (1996b), I'm not a Sister. Ein Interview mit Gayatri Chakravorty Spivak von Manuela Bojadžijev und Sabine Grimm, in: Texte zur Kunst, Jg. 6, Heft 24, S. 73-80.
– (1996c), Subaltern Talk. Interview with the Editors, in: Landry, Donna/Gerald MacLean (Hg.), The Spivak Reader, New York – London: Routledge, S. 287-308.
– (2003), Death of a Discipline, New York: Columbia UP.
– (2008a), Can the Subaltern Speak? Postkolonialität und subalterne Artikulation. Mit einer Einleitung von Hito Steyerl, Wien: Turia + Kant.
– (2008b), Other Asias, Malden/Mass. – Oxford: Blackwell.
– (2009), Meine Erwerbsarbeit und mein feministisches Engagement, in: Argument, Jg. 51, Heft 280, S. 76-83.
Spivak, Gayatri Chakravorty/Sharpe, Jenny (2002), A Conversation with Gayatri Chakravorty Spivak: Politics and the Imagination, in: Signs, Jg. 28, Heft 2, S. 609-624.
Steinmetz, George (2007), The Devil's Handwriting: Precoloniality and the German Colonial State in Quingdao, Samoa, and Southwest Africa, Chicago – London: University of Chicago Press.
Stepan, Nancy Leys (1990), Race and Gender: The Role of Analogy in Science, in: Goldberg, David Theo (Hg.), Anatomy of Racism, Minneapolis – London: University of Minnesota Press, S. 38-57.
Steyerl, Hito/Gutiérrez Rodríguez, Encarnación (Hg.) (2003), Spricht die Subalterne deutsch? Migration und postkoloniale Kritik, Münster: Unrast.
Stoler, Ann Laura (1995), Race and the Education of Desire: Foucault's History of Sexuality and the Colonial Order of Things, Durham – London: Duke UP.
– (2001), Colonial Aphasia: Race and Disabled Histories in France, in: Public Culture, Jg. 23, Heft 1, S. 121-156.
– (2002), Carnal Knowledge and Imperial Power: Race and the Intimate in Colonial Rule, Berkeley – Los Angeles: University of California Press.
– (Hg.) (2006), Haunted by Empire: Geographies of Intimacy in North American History, Durham – London: Duke UP.
Stoler, Ann Laura/Cooper, Frederick (2010), Zwischen Metropole und Kolonie: Ein Forschungsprogramm neu denken, in: Kraft, Claudia/Alf Lüdtke/Jürgen Martschukat (Hg.), Kolonialgeschichten. Regionale Per-

spektiven auf ein globales Phänomen, Frankfurt/M. – New York: Campus, S. 26-66.
Stoler, Ann Laura/McGranahan, Carol/Perdue, Peter C. (Hg.) (2007), Imperial Formations, Santa Fe: SAR Press.
Taylor, Claire (2007), Latin America, in: McLeod, John (Hg.), The Routledge Companion to Postcolonial Studies, London – New York: Routledge, S. 120-128.
Tibi, Bassam (1987), Politische Ideen in der »Dritten Welt« während der Dekolonisation, in: Fetscher, Iring/Herfried Münkler (Hg.), Pipers Handbuch der politischen Ideen, Band 5, München – Zürich: Piper, S. 361-402.
Tißberger, Martina/Dietze, Gabriele/Hrzán, Daniela/Husmann-Kastein, Jana (Hg.) (2009), Weiß – Weißsein – Whiteness: Kritische Studien zu Gender und Rassismus, Frankfurt/M.: Peter Lang.
Trouillot, Michel-Rolph (1995), Silencing the Past: Power and the Production of History, Boston: Beacon.
Wachendorfer, Ursula (2001), Weiß-Sein in Deutschland. Zur Unsichtbarkeit einer herrschenden Normalität, in: Arndt, Susan (Hg.), AfrikaBilder. Studien zu Rassismus in Deutschland, Münster: Unrast, S. 87-101.
Walgenbach, Katharina (2005), »Die weiße Frau als Trägerin deutscher Kultur«. Koloniale Diskurse über Geschlecht, »Rasse« und Klasse im Kaiserreich, Frankfurt/M. – New York: Campus.
Ward, Abigail (2007), Psychological Formulations, in: McLeod, John (Hg.), The Routledge Companion to Postcolonial Studies, London – New York: Routledge, S. 190-201.
Werner, Michael/Zimmermann, Bénédicte (2002), Vergleich, Transfer, Verflechtung. Der Ansatz der Histoire croisée und die Herausforderung des Transnationalen, in: Geschichte und Gesellschaft, Jg. 28, Heft 4, S. 607-636.
Wirz, Albert (1984), Sklaverei und kapitalistisches Weltsystem, Frankfurt/M.: Suhrkamp.
Wollrad, Eske (2005), Weißsein im Widerspruch. Feministische Perspektiven auf Rassismus, Kultur und Religion, Königstein/Ts.: Helmer.
Wolter, Udo (2001), Das obskure Subjekt der Begierde: Frantz Fanon und die Fallstricke des Subjekts der Befreiung, Münster: Unrast.
Young, Robert J. C. (1990), White Mythologies: Writing History and the West, London – New York: Routledge.

— (2008), Postcolonialism: An Historical Introduction, Malden/Mass. – Oxford: Blackwell.
— (2011), Bayart's Broken Kettle, in: Public Culture, Jg. 23, Heft 1, S. 167-175.
Zantop, Susanne (1997), Colonial Fantasies: Conquest, Family, and Nation in Precolonial Germany, 1770-1870, Durham – London: Duke UP.
Ziai, Aram (2006), Zwischen Global Governance and Post-Development. Entwicklungspolitik aus diskursanalytischer Perspektive, Münster: Westfälisches Dampfboot.
— (Hg.) (2007), Exploring Post-Development: Theory and Practice, Problems and Perspectives, London – New York: Routledge.
Zimmerer, Jürgen (2005), Rassenkrieg und Völkermord. Der Kolonialkrieg in Deutsch-Südwestafrika und die Globalgeschiche des Genozids, in: Melber, Henning (Hg.), Genozid und Gedenken. Namibisch-deutsche Geschichte und Gegenwart, Frankfurt/M.: Brandes & Apsel, S. 23-48.
— (2008), Der erste Genozid. Zum Verhältnis von Kolonialismus und Holocaust, in: iz3w, Heft 309, S. 36-37.

Personenregister

Sachregister

Ina Kerner hat in Bonn, Quetzaltenango, Chapel Hill und Berlin Politikwissenschaft, Philosophie und Geschichte studiert, an den drei Berliner Universitäten sowie an der New School for Social Research in New York, der Universidade de Brasília sowie an der Quaid-i-Azam University in Islamabad gelehrt und arbeitet als Professorin für Dynamiken der Globalisierung an der Universität Koblenz-Landau. Sie ist Autorin von *Feminismus, Entwicklungszusammenarbeit und Postkoloniale Kritik* (Hamburg 1999) und von *Differenzen und Macht. Zur Anatomie von Rassismus und Sexismus* (Frankfurt/M. – New York 2009) sowie Mitherausgeberin der Bände *Politische Theorie. 25 umkämpfte Begriffe zur Einführung* (Wiesbaden 2011), *Travelling Gender Studies. Grenzüberschreitende Wissens- und Institutionentransfers* (Münster 2011) und *Kritik und Widerstand. Feministische Praktiken in androzentrischen Zeiten* (2015).